LES MÉTIERS DE L'ENVIRONNEMENT ET DU DÉVELOPPEMENT DURABLE

SOMMAIRE

Retrouvez les termes propres au secteur dans le lexique, p. 148.

MÉTIERS

ÉTUDES

Les repères

Les filières

Mon parcours

EMPLOI

Mes débuts

GUIDE PRATIQUE

MODE D'EMPLOI

Pour mieux se repérer entre les différentes parties de ce « Parcours ».

MÉTIERS

15 pros racontent leur métier.

Pour aller plus loin, des rubriques :
- *Quel salaire ?*
- *Ça recrute ?*
- *Quels débuts ?*
- *Quelles études ?*

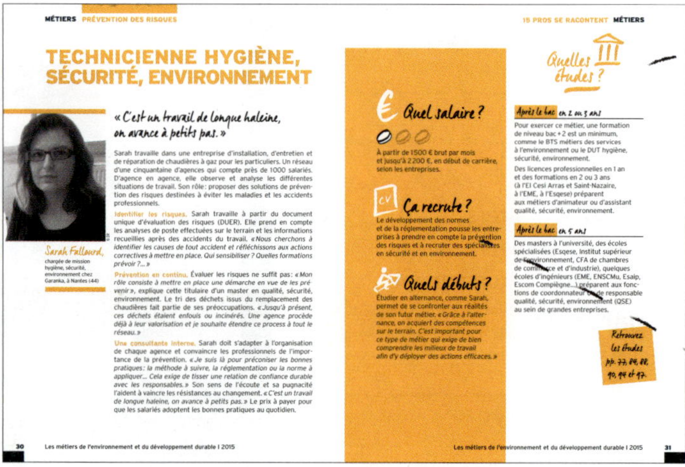

De A à Z, tous les métiers du secteur en fiches.

Retrouvez tous les mots soulignés expliqués dans le lexique.

ÉTUDES

Filière par filière, retour sur l'essentiel à savoir.

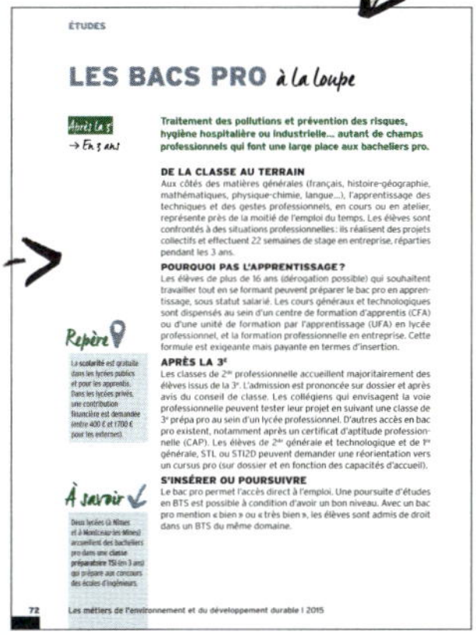
ÉTUDES

LES BACS PRO à la loupe

Après la 3e → En 3 ans

Traitement des pollutions et prévention des risques, hygiène hospitalière ou industrielle… autant de champs professionnels qui font une large place aux bacheliers pro.

DE LA CLASSE AU TERRAIN
Aux côtés des matières générales (français, histoire-géographie, mathématiques, physique-chimie, langue…), l'apprentissage des techniques et des gestes professionnels, en cours ou en atelier, représente près de la moitié de l'emploi du temps. Les élèves sont confrontés à des situations professionnelles : ils réalisent des projets collectifs et effectuent 22 semaines de stage en entreprise, réparties pendant les 3 ans.

POURQUOI PAS L'APPRENTISSAGE ?
Les élèves de plus de 16 ans (dérogation possible) qui souhaitent travailler tout en se formant peuvent préparer le bac pro en apprentissage, sous statut salarié. Les cours généraux et technologiques sont dispensés au sein d'un centre de formation d'apprentis (CFA) ou d'une unité de formation par l'apprentissage (UFA) en lycée professionnel, et la formation professionnelle en entreprise. Cette formule est exigeante mais payante en termes d'insertion.

APRÈS LA 3e
Les classes de 2de professionnelle accueillent majoritairement des élèves issus de la 3e. L'admission est prononcée sur dossier et après avis du conseil de classe. Les collégiens qui envisagent la voie professionnelle peuvent tester leur projet en suivant une classe de 3e prépa pro au sein d'un lycée professionnel. D'autres accès en bac pro existent, notamment après un certificat d'aptitude professionnelle (CAP). Les élèves de 2de générale et technologique et de 1re générale, STL ou STI2D peuvent demander une réorientation vers un cursus pro (sur dossier et en fonction des capacités d'accueil).

S'INSÉRER OU POURSUIVRE
Le bac pro permet l'accès direct à l'emploi. Une poursuite d'études en BTS est possible à condition d'avoir un bon niveau. Avec un bac pro mention « bien » ou « très bien », les élèves sont admis de droit dans un BTS du même domaine.

Repère
La scolarité est gratuite dans les lycées publics et pour les apprentis. Dans les lycées privés, une contribution financière est demandée (entre 400 € et 1 700 € pour les internes).

À savoir
Deux lycées (à Nîmes et à Montceau-les-Mines) accueillent des bacheliers pro dans une classe préparatoire TSI (en 3 ans) qui prépare aux concours des écoles d'ingénieurs.

72 Les métiers de l'environnement et du développement durable | 2015

En complément, nos réponses à vos questions les plus fréquentes et des fiches diplômes.

LES BACS PRO ÉTUDES

Bac pro gestion des milieux naturels et de la faune (GMNF)

Quelles poursuites d'études après un bac pro GMNF ?

Bac pro hygiène, propreté, stérilisation (HPS)

Quels débouchés après un bac pro HPS ?

Les métiers de l'environnement et du développement durable | 2015 73

EMPLOI

En un clin d'œil, le panorama des entreprises et de ce qu'il faut retenir sur l'emploi dans ce secteur.

GUIDE PRATIQUE

- Le carnet d'adresses avec la liste de toutes les formations ;
- lexique ;
- index.

L'ENVIRONNEMENT, C'EST QUOI ?

Côté métiers

Les métiers verts

Ils assurent une ou plusieurs missions en faveur de l'environnement :

- observation des sites naturels
- mesure et analyse des pollutions
- études et projets
- gestion environnementale en entreprise
- éducation à l'environnement

Retrouvez les principaux métiers verts dans cette publication.

Les métiers des énergies renouvelables

Éolien, solaire, géothermie, énergies marines, biomasse...

Retrouvez les métiers des énergies renouvelables dans le Parcours Les métiers de l'énergie.

Les métiers verdissants

Agriculture, architecture, bâtiment, transports, fabrication industrielle… la « révolution verte » modifie les pratiques professionnelles de ces différents secteurs.

Côté études

- Des diplômes allant du CAP au diplôme d'ingénieur ou au master.
- Des spécialisations pour les chimistes, les biologistes, les géologues, mais aussi pour les non-scientifiques.
- Des cursus en apprentissage pour développer sa connaissance du terrain.

Côté emploi

- Les emplois concentrés dans le traitement des déchets, la réhabilitation des sols et des eaux.
- Beaucoup de candidats pour peu de places dans les métiers de la protection de la nature.
- Des métiers largement ouverts aux femmes.
- L'insertion professionnelle favorisée par la mobilité.

UNE JOURNÉE AU PARC NATUREL RÉGIONAL DU GÂTINAIS FRANÇAIS

DES RACINES ET DES AILES

Photos : Grégoire Maisonneuve

À cheval sur deux départements d'Ile-de-France, le parc naturel régional (PNR) du Gâtinais français est une zone rurale dont le milieu naturel est protégé. Environ 30 personnes travaillent à la Maison du parc de Milly-la-Forêt, qui abrite aussi... des hirondelles, des mésanges, des chauves-souris et des martinets. Les responsables et les chargés de mission, la plupart ingénieurs et techniciens, protègent, chacun dans sa spécialité, le sol, la flore, la forêt, les cours d'eau et la faune. Ils accompagnent les élus des 69 communes du territoire et les particuliers dans leurs projets, en veillant à la préservation des milieux. Au programme de la journée : missions de terrain, atelier pédagogique et montage de dossiers.

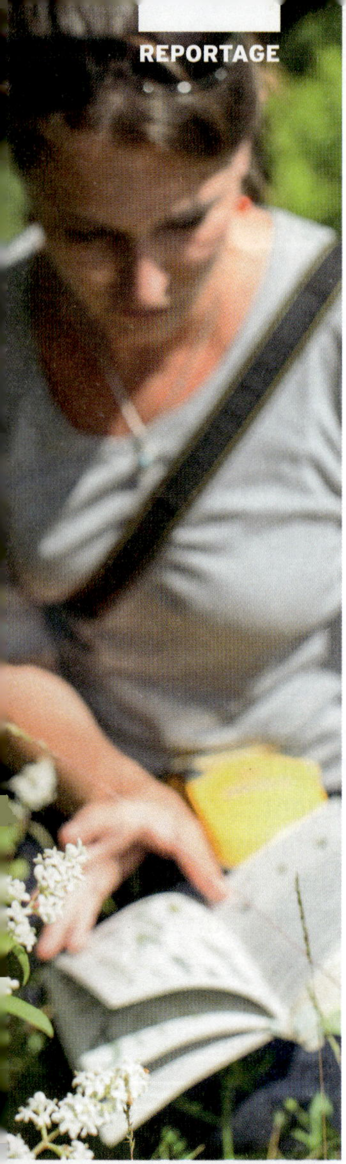

LE PATRIMOINE NATUREL

Au milieu d'une clairière, **Camille, chargée de mission Natura 2000,** réalise des inventaires de la flore et des papillons sur un site protégé. *« Actuellement, j'observe la présence de différentes espèces, et son évolution suite à un débroussaillement. »* Le filet à papillons sert aussi à **Julie, chargée de mission sur les milieux naturels,** pour inventorier des libellules. Certaines nuits, elle s'occupe du suivi des chauves-souris. *« Selon un protocole du Muséum national d'histoire naturelle, j'enregistre leurs cris (des ultrasons) sur un parcours précis. »*

Nicolas, chargé de développement en environnement forestier, observe une parcelle boisée : la nature du sol et le type de peuplement. Le propriétaire, qui coupe du bois pour se chauffer, sollicite ses conseils pour mieux entretenir sa parcelle. « *Si des pics ont creusé une cavité dans des arbres, il faut protéger leur habitat. C'est aussi bénéfique pour la forêt car ces oiseaux mangent des chenilles qui peuvent causer des dégâts sur les arbres.* »

LES BASES DE DONNÉES

Camille a rejoint **Mathieu, chargé de mission en systèmes d'information géographique.** *« Camille a fait des relevés topographiques par GPS sur la zone Natura 2000. J'ai ensuite importé les données sur mon ordinateur pour les représenter sur une carte. Ici, ce sont des marais à débroussailler. Plus généralement, je gère toutes les données internes, que ce soit pour localiser des chauves-souris ou pour évaluer les missions du parc. »* ■

L'ATELIER PÉDAGOGIQUE

« Prélevez un végétal de votre choix et essayez de l'identifier à l'aide de la fiche. À vous de jouer ! » **Marion, chargée de mission éducation,** encadre un groupe d'enseignants pour une « classe verte ». *« Je leur donne des pistes afin qu'ils conçoivent une animation adaptée à leur public, essentiellement des enfants. »* Nicolas, le spécialiste de la forêt, leur décrit les érables, les chênes, les châtaigniers... ■

L'EAU ET L'ASSAINISSEMENT

Chargé de mission sur la rivière École, Mathieu veille à la qualité du site où prolifèrent des algues. *« Un végétal, la renouée du Japon, se développe très vite dans ce fossé, et empêche la flore locale de pousser. Je dois le prendre en compte dans ma réflexion pour un plan de gestion de la zone. L'enjeu consiste à restaurer la continuité écologique en favorisant la circulation des espèces, à travers des zones humides, des haies, des forêts... Ce que l'on appelle les trames vertes et bleues. »*

Dans le jardin d'un particulier, **Adrien, technicien en assainissement,** réalise le diagnostic obligatoire d'une fosse septique. Celle-ci doit être remise en bon état pour éviter de polluer le sol. *« Je passe beaucoup de temps à conseiller les particuliers. J'aime ce contact humain. Il faut être patient et compréhensif, pour instaurer une relation de confiance. »* ■

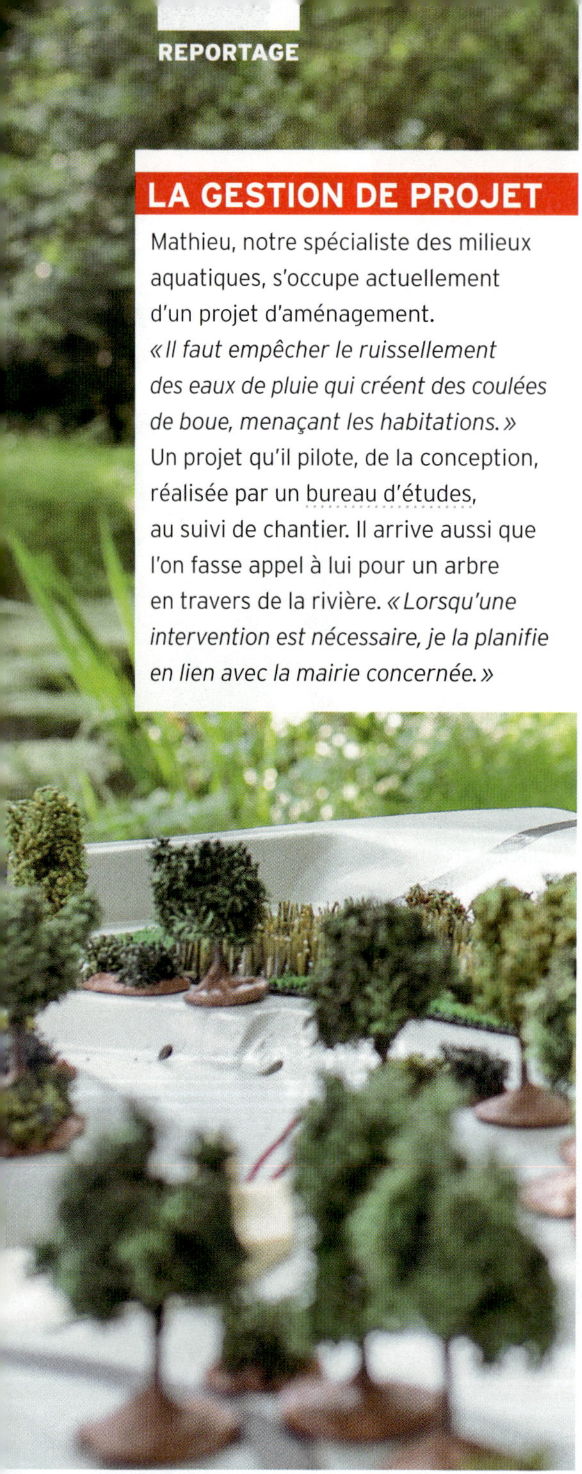

LA GESTION DE PROJET

Mathieu, notre spécialiste des milieux aquatiques, s'occupe actuellement d'un projet d'aménagement. *« Il faut empêcher le ruissellement des eaux de pluie qui créent des coulées de boue, menaçant les habitations. »* Un projet qu'il pilote, de la conception, réalisée par un bureau d'études, au suivi de chantier. Il arrive aussi que l'on fasse appel à lui pour un arbre en travers de la rivière. *« Lorsqu'une intervention est nécessaire, je la planifie en lien avec la mairie concernée. »*

Après avoir rencontré les particuliers concernés, Adrien élabore le cahier des charges des fosses septiques à réhabiliter. **Julie, chargée de mission en assainissement,** s'occupe des volets administratif et financier. *« Je monte des dossiers de demande de subventions auprès de l'agence de l'eau, de la région, et des deux conseils départementaux. Puis je contacte des bureaux d'études et des entreprises de travaux. »*

En fin de journée, l'équipe fait le point avec **Alexandre, responsable du pôle environnement.** *« Dans une région fortement urbanisée, nos diagnostics et nos conseils contribuent à préserver la biodiversité, l'eau, les paysages... »*

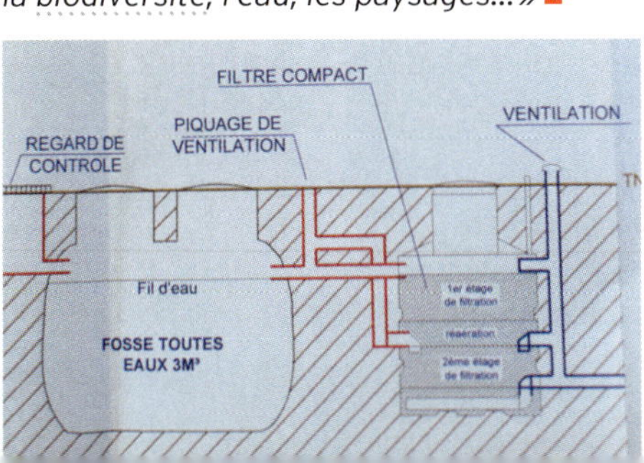

MÉTIERS

LES MÉTIERS EN 3 FAMILLES

Pour préserver la biodiversité, prévenir les risques naturels ou industriels et traiter les pollutions, différentes compétences entrent en jeu. Découvrez les principaux métiers verts.

PRÉVENTION DES RISQUES

Pollution industrielle, glissement de terrain, contamination radioactive... autant de risques, pour les milieux naturels et pour la santé humaine, que ces vigies de l'environnement s'efforcent de prévenir. Au sein d'entreprises, de bureaux d'études ou de collectivités publiques, leur activité consiste à réaliser des études, des prévisions ou des contrôles. Ou encore à impulser des démarches de développement durable et à appliquer la réglementation.

- **Chargé/e d'études environnementales**
- **Chargé/e d'études risques naturels**
- **Chef/fe de projet environnement**
- **Inspecteur/trice des installations classées**
- **Juriste environnement**
- **Météorologue**
- **Responsable communal/e environnement**
- **Technicien/ne en radioprotection**
- **Technicien/ne hygiène, sécurité, environnement**

Filles et garçons exercent tous ces métiers.

© VITRANC/ISTOCK

PROTECTION DE L'ENVIRONNEMENT

Certains sont spécialistes des milieux aquatiques, d'autres de l'écologie ou encore de l'énergie... Leur mission : réaliser des atlas de la biodiversité pour des communes, étudier l'impact de produits chimiques ou de projets d'aménagement sur l'environnement, sensibiliser le public à la fragilité des écosystèmes... La plupart partagent leur temps entre relevés de terrain et études au bureau.

- **Animateur/trice nature**
- **Chargé/e de mission dans un parc naturel**
- **Conseiller/ère en environnement**
- **Conseiller/ère en maîtrise de l'énergie**
- **Écotoxicologue**
- **Garde d'espace naturel**
- **Gestionnaire forestier/ère**
- **Hydrogéologue**
- **Océanographe**
- **Technicien/ne de rivière**

TRAITEMENT DES POLLUTIONS ET INGÉNIERIE

Selon leur spécialité, ces pros visent une eau de qualité, un air respirable, des sites non pollués ou des déchets recyclés jusqu'à leur transformation en énergie. Certains se consacrent à des analyses en laboratoire ou à des études techniques. D'autres gèrent au quotidien toute une chaîne de process dans une usine ou une station éco-industrielle. Sans oublier les commerciaux et les cartographes des données environnementales.

- **Acousticien/ne**
- **Agent/e de décontamination nucléaire**
- **Chef/fe de projet sites pollués**
- **Géomaticien/ne**
- **Hydraulicien/ne**
- **Ingénieur/e méthanisation**
- **Responsable de la gestion des déchets**
- **Responsable de station d'épuration**
- **Technicien/ne d'exploitation de l'eau**
- **Technicien/ne de la qualité de l'air**
- **Technicien/ne en traitement des déchets**
- **Technico-commercial/e environnement**

CHARGÉE D'ÉTUDES ENVIRONNEMENTALES

© DR

Delphine Chabrol,
chargée d'études chez Alisea, à Versailles (78)

« Même en ville, il est possible de trouver des espèces végétales rares ! »

D'avril à septembre, Delphine part souvent sur le terrain inventorier les arbres, les arbustes et les plantes herbacées d'un espace naturel. Un recensement minutieux, indispensable pour connaître un écosystème et le protéger. Quelle que soit l'étude à laquelle la jeune botaniste participe, l'enjeu est en effet le même : pérenniser et valoriser la biodiversité.

Diagnostics écologiques. Une ville souhaite connaître son patrimoine naturel ? Delphine explore chaque zone avec ses collègues, spécialistes des insectes, des oiseaux, des chauves-souris, des amphibiens et autres reptiles. *« Je repère les espèces végétales qui sont protégées, rares ou menacées de disparition. Même en ville, il est possible de trouver des espèces rares ! »* se réjouit celle qui a découvert un trèfle semeur à 20 km de Paris. Après avoir géolocalisé les espèces au GPS, elle établit la cartographie des zones à protéger. Et élabore un plan de gestion de l'espace naturel.

Études d'impact. Le bureau d'Alisea réalise aussi des études préalables à la construction de routes, d'hôpitaux, de centres commerciaux, etc. La démarche est toujours la même : inventaire de terrain, rédaction et présentation des résultats, conseils pour protéger le site. *« Je suis autonome sur les petits projets. Savoir reconnaître toutes les espèces végétales exige de l'expérience »*, reconnaît cette titulaire d'un master en écologie et conservation de la biodiversité.

Autour de la table. Si notre spécialiste de la flore et des habitats naturels aime découvrir sans cesse de nouveaux milieux, elle apprécie aussi les échanges au sein du bureau. *« En écologie, il y a un effet domino, du végétal aux insectes, oiseaux et mammifères. Les spécialistes de la flore et de la faune réfléchissent ensemble aux mesures qui permettront de favoriser la biodiversité d'un milieu. »* Un travail d'équipe donc.

Quel salaire ?

De 1600 à 2100 € brut par mois pour un jeune diplômé, évoluant rapidement vers 2500 €.

Ça recrute ?

L'obligation de réaliser des études environnementales dans le cadre d'opérations d'acquisition foncière, de construction ou d'aménagement profite à la profession. De même que les projets comme Natura 2000 et la Trame verte et bleue. Les bureaux d'études et les associations environnementales travaillent cependant en effectifs réduits. *« La concurrence entre les jeunes diplômés est rude. »*

Quels débuts ?

« Le bénévolat en association, les stages, un ou plusieurs premiers postes en CDD permettent de mettre le pied à l'étrier. » Un chargé d'études expérimenté peut évoluer vers un poste de chef de projet ou de consultant dans un bureau d'études d'une certaine taille.

Quelles études ?

Après le bac en 5 ans

Cette activité peut s'exercer dans différents domaines comme la préservation de la biodiversité, la gestion des milieux naturels, l'aménagement en zone rurale, l'éco-urbanisme ou la prévention des risques naturels.

Différents profils se côtoient, en particulier les ingénieurs et les titulaires de master spécialisé en géographie et aménagement, écologie et biodiversité, gestion des milieux naturels, hydrologie, géologie, océanographie...

La spécialisation est une porte d'entrée vers le premier emploi. L'expérience permet ensuite d'élargir ses compétences. Par exemple, un entomologiste pourra à terme s'intéresser à tout type de faune ou à la gestion des paysages.

Parallèlement aux études, il est indispensable de s'impliquer au sein d'associations de protection de l'environnement si l'on vise une carrière dans ce domaine.

Retrouvez les études pp. 90 et 94.

CHEFFE DE PROJET ENVIRONNEMENT

© DR

Perrine Abello,
cheffe de projet environnement et ISO 14001 chez Stelia Aerospace, à Méaulte (80)

« Je dois faire analyser les eaux des nappes souterraines tous les 6 mois. »

Diplômée d'un master ingénierie management santé, sécurité, environnement, Perrine est aujourd'hui cheffe de projet en système de management environnemental (SME) chez Stelia Aerospace. *« Par les actions que je mets en œuvre, j'assure le respect de la réglementation et des exigences environnementales. »* Elle a été recrutée suite à un stage effectué au sein de cette filiale d'Airbus Group.

Être en règle. À traiter en priorité : l'application des règles qui autorisent l'entreprise à exploiter des installations classées pour la protection de l'environnement (ICPE). *« Je veille, par exemple, à protéger les réseaux d'eau pluviale du rejet de produits chimiques, en cas d'incident. Je dois aussi faire analyser les eaux des nappes souterraines du site tous les 6 mois. »* Suivant en permanence les évolutions de la réglementation, Perrine met en œuvre leur application, en lien avec les différents métiers de l'entreprise.

Certification ISO 14001. Respecter certaines normes confère à l'entreprise une certification en management environnemental. À cet effet, Perrine mène des études afin d'améliorer la performance environnementale du site (énergétique, recyclage, matériaux...) et de réduire l'impact de son activité sur l'environnement. *« Les bains de traitement de surface des pièces métalliques (pour avions) peuvent être utilisés plus longtemps grâce à un contrôle spécifique. C'est 20 % de déchets liquides dangereux en moins pour cette activité. »*

La réalité du terrain. Rattachée au service environnement, Perrine communique et collabore avec les services dédiés à la qualité, à la maintenance et à la production. *« J'ai besoin de voir comment les opérateurs travaillent en atelier, dans les différents sites. Cela me permet de faire appliquer les réglementations en proposant des actions adaptées à la réalité de leur métier. Mais aussi, de les impliquer afin qu'ils s'approprient la démarche. »*

Quel salaire ?

Entre 2250 et 2500 € brut par mois pour un débutant ; 3300 € après quelques années d'expérience.

Ça recrute ?

Les recrutements sont en hausse, notamment dans les grandes entreprises qui possèdent un service environnement, ou dans les bureaux d'études, d'ingénierie et de conseil.

Quelle évolution ?

Un chef de projet peut devenir responsable environnement dans une grande entreprise qui possède un service dédié. *« On évolue après 5 à 6 ans, parfois plus rapidement si l'on a débuté par plusieurs stages. Avoir fait ses preuves et bien connaître l'entreprise est en effet une condition. Selon les opportunités et sa formation, le chef de projet environnement peut aussi rejoindre d'autres services comme la qualité ou la santé-sécurité. »* Dans une petite structure, ce professionnel travaille souvent seul, de façon plus polyvalente, et peut très vite endosser le titre de responsable.

Quelles études ?

Après le bac en 5 ans

À l'université, un grand nombre de masters peuvent conduire à ce métier : masters spécialisés en droit de l'environnement ; management environnemental ; environnement et risques ; sécurité, qualité, hygiène et environnement ; management des risques industriels et environnementaux...

Les écoles d'ingénieurs qui offrent une spécialisation en environnement ou dans les risques industriels y préparent également, de même que les écoles spécialisées qui délivrent des titres de manager ou de responsable hygiène, qualité, sécurité, environnement.

Retrouvez les études pp. 90, 94 et 97.

JURISTE ENVIRONNEMENT

© DR

Céline Le Grand,
juriste environnement à l'association Environnement - industrie, à Marseille (13)

« J'aide les industriels à se conformer à la réglementation environnementale. »

Formée au droit des affaires, Céline s'est spécialisée en droit de l'environnement. Une double compétence qu'elle met au service d'une association regroupant des entreprises potentiellement polluantes: elles exploitent des installations classées pour la protection de l'environnement (ICPE). *« J'aide les industriels à se conformer à la réglementation environnementale. »*

Assistance juridique. En fabriquant du papier, du ciment et d'autres produits chimiques ou agroalimentaires, une ICPE rejette des eaux chargées de substances polluantes. *« Avant de les déverser dans une station d'épuration urbaine ou en milieu naturel, l'industriel doit limiter leur concentration en polluants, selon un seuil réglementaire fixé par l'État. À cet effet, il effectue des relevés réguliers et des analyses qu'il compare avec la norme. Je l'accompagne lors de la transmission de ces résultats à l'Inspection des installations classées et à l'agence de l'eau. Sur le site, je fais le point avec le responsable environnement. »*

Fournir des réponses. À l'écoute, Céline s'efforce de résoudre toute problématique: du respect des seuils limites d'émissions polluantes dans l'air, l'eau ou le sol, jusqu'à l'obligation de réhabilitation d'un ancien site industriel pollué par des déchets. À qui revient la responsabilité de dépolluer un terrain mis en vente: au vendeur, à l'ancien exploitant ou à l'acheteur industriel ? *« Dans ce cas complexe, j'analyse les textes et rédige une note juridique en développant mon interprétation. »*

Au fil de l'actualité. *« Le droit de l'environnement évolue sans cesse. Chaque jour, je me tiens au courant des nouveaux textes. »* Puis la juriste alerte les industriels, organise des réunions d'information et des groupes de travail. Elle anime aussi des formations sur des réglementations, une responsabilité acquise en moins de 2 ans depuis son recrutement.

Quel salaire ?

Entre 2100 et 2500 € brut par mois pour un jeune diplômé; 3300 € après quelques années d'expérience.

Ça recrute ?

Les recrutements sont en hausse, en particulier chez les grands industriels qui ont un service environnement. Les bureaux d'études, cabinets d'avocats, associations ainsi que les institutions et collectivités publiques recrutent aussi.

Quels débuts ?

« Au sein d'une équipe de juristes, un débutant participe aux dossiers en se centrant sur l'analyse des textes réglementaires. Pourvu d'expérience, il traitera directement avec l'industriel. S'il est le seul juriste dans sa structure, il peut prendre rapidement des responsabilités et suivre des dossiers en autonomie. Un juriste confirmé peut devenir responsable du service environnement d'une grande entreprise. »

Quelles études ?

Après le bac en 5 ans

À l'université, après une licence de droit, la spécialisation en droit de l'environnement se fait en 1re année de master (M1) ou, le plus souvent, en 2de année (M2).

Certains masters de droit sont couplés avec un diplôme de juriste-conseil d'entreprise (DJCE), diplôme d'université.

Retrouvez les études p. 90.

RESPONSABLE COMMUNALE ENVIRONNEMENT

© DR

Élodie Frisot, responsable du pôle environnement à la mairie de Saint-Denis (93)

« Une action difficile à appliquer ? La suppression des sacs plastiques... »

Des ruches sur le toit de la mairie, des moutons broutant sur des friches... Élodie se félicite d'avoir accompagné ces initiatives emblématiques depuis son arrivée à la mairie de Saint-Denis, il y a 4 ans. *« J'ai suivi ce projet, porté par une association locale, en mettant autour de la table les acteurs impliqués, en particulier les élus et les habitants. »*

Des projets à court et long terme. À la tête du pôle environnement et assistée de trois personnes, elle navigue entre des objectifs immédiats, comme l'amélioration de la propreté dans l'espace public, et celui, plus stratégique, du développement durable à l'horizon 2030. Un défi dans une ville aussi dynamique, qui construit de nouveaux quartiers. L'équilibre à trouver est fragile.

Répondre aux besoins des habitants. Le fil rouge de son action ? La « bible » des politiques publiques, dite « Agenda 21 », qui entend concilier action locale et développement durable. Et cela, depuis son stage de master d'urbanisme où elle a mis en œuvre cette démarche dans une banlieue de Lisbonne. Recrutée pour la même mission au sein d'un syndicat mixte de pays, elle y est restée 2 ans. Aujourd'hui encore, elle s'en réclame. *« Cette approche transversale associe les acteurs de la ville autour de questions environnementales, sociales, économiques et culturelles. Elle vise le développement durable d'un territoire tout en répondant aux besoins de chacun. »*

Toujours sur la brèche. Pas le temps de souffler entre deux réunions autour de nouveaux projets, la rédaction d'un rapport pour les élus ou la réflexion sur le plan climat. *« Certaines actions sont difficiles à appliquer, comme la suppression des sacs plastiques sur les marchés. Mais, quand on réussit, c'est très satisfaisant. »* Élodie a à cœur de faire apparaître le dynamisme et l'envie d'agir de son équipe et des habitants de la ville.

Quel salaire ?

Environ 2000 € brut par mois pour un professionnel sous sontrat.
Un attaché ou un ingénieur territorial (fonctionnaire) débutant perçoit environ 1600 € (hors primes).

Ça recrute ?

La vague de recrutement liée au projet d'Agenda 21 est un peu retombée. Toutefois, les obligations réglementaires des collectivités territoriales et les départs à la retraite créent des opportunités. Si les postes de responsable environnement sont peu nombreux, les équipes incluent des chargés de mission dédiés aux espaces verts, au développement durable ou à la propreté urbaine.

Quels débuts ?

Comme Élodie, les jeunes diplômés débutent souvent comme chargés de mission avant d'évoluer vers la fonction de responsable du service environnement au sein d'une commune ou d'une structure intercommunale. Les collectivités recrutent sur contrat ou sur concours pour les fonctionnaires : concours d'attaché territorial et d'ingénieur territorial (pour les scientifiques).

Quelles études ?

Après le bac en 5 ans

À l'université, après une licence de géographie et aménagement, sciences de la Terre, sciences de la vie ou chimie, des masters permettent de se spécialiser dans les différentes thématiques de l'environnement : aménagement, urbanisme, gestion des milieux naturels, traitement des pollutions...

Certaines écoles d'ingénieurs sont entièrement dédiées à l'environnement (EME Bruz, Engees...). D'autres établissements, plus généralistes, offrent des filières de spécialisation en chimie de l'environnement, hygiène-sécurité-environnement, management environnemental, traitement des nuisances...

Dans ces formations, les étudiants acquièrent une compétence à la fois technique et réglementaire leur permettant de participer à la mise en œuvre des politiques environnementales, de coordonner, de piloter et d'évaluer des projets.

Retrouvez les études pp. 90 et 94.

TECHNICIENNE HYGIÈNE, SÉCURITÉ, ENVIRONNEMENT

© DR

Sarah Fallourd,

chargée de mission hygiène, sécurité, environnement chez Garanka, à Nantes (44)

« C'est un travail de longue haleine, on avance à petits pas. »

Sarah travaille dans une entreprise d'installation, d'entretien et de réparation de chaudières à gaz pour les particuliers. Un réseau d'une cinquantaine d'agences qui compte près de 1000 salariés. D'agence en agence, elle observe et analyse les différentes situations de travail. Son rôle : proposer des solutions de prévention des risques destinées à éviter les maladies et les accidents professionnels.

Identifier les risques. Sarah travaille à partir du document unique d'évaluation des risques (DUER). Elle prend en compte les analyses de poste effectuées sur le terrain et les informations recueillies après des accidents du travail. *« Nous cherchons à identifier les causes de tout accident et réfléchissons aux actions correctives à mettre en place. Qui sensibiliser ? Quelles formations prévoir ?... »*

Prévention en continu. Évaluer les risques ne suffit pas : *« Mon rôle consiste à mettre en place une démarche en vue de les prévenir »*, explique cette titulaire d'un master en qualité, sécurité, environnement. Le tri des déchets issus du remplacement des chaudières fait partie de ses préoccupations. *« Jusqu'à présent, ces déchets étaient enfouis ou incinérés. Une agence procède déjà à leur valorisation et je souhaite étendre ce process à tout le réseau. »*

Une consultante interne. Sarah doit s'adapter à l'organisation de chaque agence et convaincre les professionnels de l'importance de la prévention. *« Je suis là pour préconiser les bonnes pratiques : la méthode à suivre, la réglementation ou la norme à appliquer... Cela exige de tisser une relation de confiance durable avec les responsables. »* Son sens de l'écoute et sa pugnacité l'aident à vaincre les résistances au changement. *« C'est un travail de longue haleine, on avance à petits pas. »* Le prix à payer pour que les salariés adoptent les bonnes pratiques au quotidien.

Quel salaire ?

À partir de 1500 € brut par mois et jusqu'à 2200 €, en début de carrière, selon les entreprises.

Ça recrute ?

Le développement des normes et de la réglementation pousse les entreprises à prendre en compte la prévention des risques et à recruter des spécialistes en sécurité et en environnement.

Quels débuts ?

Étudier en alternance, comme Sarah, permet de se confronter aux réalités de son futur métier. *« Grâce à l'alternance, on acquiert des compétences sur le terrain. C'est important pour ce type de métier qui exige de bien comprendre les milieux de travail afin d'y déployer des actions efficaces. »*

Quelles études ?

Après le bac en 2 ou 3 ans

Pour exercer ce métier, une formation de niveau bac + 2 est un minimum, comme le BTS métiers des services à l'environnement ou le DUT hygiène, sécurité, environnement.

Des licences professionnelles en 1 an et des formations en 2 ou 3 ans (à l'EI Cesi Arras et Saint-Nazaire, à l'EME, à l'Esqese) préparent aux métiers d'animateur ou d'assistant qualité, sécurité, environnement.

Après le bac en 5 ans

Des masters à l'université, des écoles spécialisées (Esqese, Institut supérieur de l'environnement, CFA de chambres de commerce et d'industrie), quelques écoles d'ingénieurs (EME, ENSCMu, Esaip, Escom Compiègne...) préparent aux fonctions de coordonnateur ou de responsable qualité, sécurité, environnement (QSE) au sein de grandes entreprises.

Retrouvez les études pp. 77, 84, 88, 90, 94 et 97.

ANIMATRICE NATURE

© DR

Amandine Gabriel,

animatrice-éducatrice à l'environnement, au CPIE de Nancy-Champenoux (54)

« Des connaissances naturalistes indispensables à savoir transmettre. »

Au centre permanent d'initiatives pour l'environnement (CPIE), Amandine se plaît dans son rôle de médiatrice. *« Ma mission est de sensibiliser et d'éduquer le public à la biodiversité. J'organise principalement des sorties scolaires pour observer la nature, en bord de mare ou en forêt. »*

La fibre pédagogique. *« Les élèves apprennent à identifier les arbres et construisent, par exemple, des panneaux d'information sur un sentier. »* Pour tous les publics, des visites ont lieu à l'Arboretum, un parc où sont répertoriées plus de 400 espèces d'arbres. *« J'adapte mon discours aux différents âges, adultes, enfants ou adolescents qu'il faut tenir en haleine. Des connaissances naturalistes sont indispensables - on ne peut pas confondre un cloporte et un gloméris - et il faut savoir les transmettre. »*

Actions tout-terrain. Amandine coordonne des travaux écologiques avec les bénévoles de l'association: entretien d'une mare, réouverture d'un chemin de forêt, plantation d'arbres... Le milieu urbain n'est pas en reste, le centre étant situé près de l'agglomération de Nancy. Tritons, grenouilles et salamandres font l'objet d'une exposition de photos dans le centre commercial de la ville, où est installée une mare artificielle.

Coordination administrative. Toute sortie se prépare à l'avance, dans les bureaux. *« Je consacre un bon tiers de mon temps à coordonner les projets avec les bénévoles, en concertation avec les élus de la commune. Car celle-ci finance nos actions. Elles sont très cadrées, en termes de délais et de budget. »* Un fonctionnement qu'Amandine connaît bien, puisqu'elle a travaillé comme agente de développement en communauté de communes, après sa licence pro développement durable des territoires ruraux.

Quel salaire ?

Entre 1500 et 2100 € brut par mois pour un débutant.

Ça recrute ?

Les opportunités sont variables, selon la structure d'emploi : collectivités, parcs naturels, associations de protection de la nature… Les CPIE offrent régulièrement des missions de durées variables.

Quels débuts ?

La prise de responsabilités est progressive. *« J'ai d'abord travaillé sur des activités bien cadrées, comme la visite d'une ferme. Ensuite, j'ai assuré une animation en classe, sur le thème de l'assainissement et de la distribution de l'eau potable en ville, en proposant des expériences attractives. Au fur et à mesure, le CPIE m'a laissé l'initiative de réaliser moi-même un projet. J'ai ainsi mis en place un club nature dans la commune. »*

Quelles études ?

Après une expérience dans l'animation

Après une expérience dans l'animation ou un brevet d'animateur, comme le BAFA, il est possible de préparer le BPJEPS loisirs tout public option éducation développement durable.

Après le bac en 2 ou 3 ans

Plusieurs diplômes à bac + 2 permettent d'exercer ce métier : BTSA gestion et protection de la nature ; DEUST guide nature multilingue, médiations citoyennes ; DUT carrières sociales option animation sociale et socioculturelle.

Ils peuvent être complétés en 1 an par une licence professionnelle : développement et protection du patrimoine culturel spécialité médiation scientifique et éducation à l'environnement ; développement durable des territoires ruraux…

Après le bac en 5 ans

Aller jusqu'au master, à l'université, permet d'accéder à des fonctions de direction de projet d'animation : master spécialisé dans l'écologie et la biodiversité, en particulier.

Retrouvez les études pp. 77, 84, 88 et 90.

CHARGÉE DE MISSION DANS UN PARC NATUREL

© DR

Aurélie Toussaint,
chargée de mission
gestion de l'eau
au parc naturel régional
de Lorraine

« L'objectif n'est pas de mettre un territoire sous cloche. »

Le parc naturel régional de Lorraine révèle toute sa diversité à travers ses rivières, ses étangs, ses marais, ses prairies humides... Chaque type de milieu a ses particularités qu'Aurélie connaît bien puisqu'elle veille sur leur santé. Cette gestion écologique contribue à améliorer la qualité de l'eau et la diversité de ces différents milieux naturels.

Assistance technique. Au service des communes et des communautés de communes du parc, Aurélie gère des projets variés : *« Actuellement, je m'occupe du creusement d'une dizaine de mares. Il s'agit de créer un corridor écologique afin de faciliter le déplacement de tritons crêtés. »* L'occasion pour elle de chausser ses bottes et de discuter du projet sur place, avec un élu ou avec un propriétaire foncier qu'il faut convaincre de l'utilité du projet.

Dossiers et réunions. Cette chargée de mission passe aussi beaucoup de temps au bureau ou en réunions à l'extérieur. *« Pour ce projet, je recherche des partenaires financiers et des subventions. Je constitue le dossier remis aux entreprises candidates à la réalisation des travaux. »* Lors de rencontres portant sur la gestion des eaux, elle apporte son expertise et anime les débats avec les élus, les représentants de l'État, l'agence de l'eau, les usagers...

Animation et conseil. Rédaction de plaquettes d'information, montage d'expositions, sensibilisation d'écoliers ou d'étudiants en master... Aurélie est sur tous les fronts et s'en réjouit : *« Cet après-midi, je participe à un comité de pilotage pour la valorisation écologique d'une petite vallée. Lors de projets pouvant influer sur le territoire, comme la création d'une centrale photovoltaïque (énergie solaire) ou d'une zone artisanale, chaque chargé de mission fait des recommandations selon sa compétence. Notre objectif n'est pas de mettre un territoire sous cloche, mais de veiller à ce que les activités s'y intègrent harmonieusement. »*

Quel salaire ?

« Environ 1700 € brut par mois, en début de carrière, pour des postes de niveau bac + 5. »

Ça recrute ?

Les parcs nationaux et régionaux, les réserves naturelles, le Conservatoire du littoral et les collectivités territoriales offrent chaque année un petit nombre de postes de chargé de mission avec des profils spécifiques (biodiversité, aménagement, urbanisme, agronomie, tourisme durable, éducation à l'environnement...). La concurrence est très forte : parfois plusieurs centaines de candidatures pour un poste.

Quels débuts ?

Des stages et des missions ponctuelles permettent de mieux appréhender ce secteur et de tisser un réseau professionnel. Connaître un territoire et ses acteurs (collectivités, associations...) est en effet un atout aux yeux des recruteurs. *« Dans les parcs naturels régionaux, il est possible de devenir fonctionnaire territorial sur concours. »*

Quelles études ?

Après le bac en 5 ans

Si certains postes sont ouverts aux diplômés de niveau bac + 3, la tendance générale est au recrutement de titulaires de master ou de diplôme d'ingénieur.

Les spécialisations recherchées varient selon le domaine d'intervention. Les plus représentées concernent l'écologie et la biodiversité, la gestion de l'eau, l'agronomie et l'agroenvironnement, l'aménagement rural, l'urbanisme, l'énergie, le développement économique, touristique ou culturel, ainsi que la médiation scientifique pour les postes spécialisés dans l'éducation à l'environnement. Plus rarement, certains postes requièrent une spécialisation pointue, par exemple dans la faune sauvage, l'ornithologie ou la botanique.

Retrouvez les études pp. 90 et 94.

HYDROGÉOLOGUE

© DR

Nicolas Liénart

hydrogéologue départemental, chef du service eau potable au conseil départemental de l'Hérault (34)

« On est consulté pour tout problème relatif à l'eau souterraine ou de surface. »

Dès que les réserves d'eau d'une commune s'épuisent ou que ses besoins augmentent, Nicolas intervient: *« On est consulté pour tout problème relatif à l'eau souterraine ou à l'eau de surface. »* Avant d'intégrer le conseil départemental de l'Hérault, ce chef de service a exercé 3 ans dans un bureau d'études: *« Dans le privé, un hydrogéologue réalise des études ponctuelles. Ici, j'ai une vision à long terme de la gestion des ressources en eau. »*

Satisfaire des besoins. Une première étude lui permet de savoir où trouver de l'eau. Puis Nicolas précise les aspects techniques et financiers du projet, et aide à sa mise en œuvre. *« J'accompagne les communes jusqu'à la réalisation du captage d'eau, puis je continue de surveiller la quantité et la qualité de l'eau. »* Après les travaux, il conseille les municipalités sur l'entretien et les mesures à effectuer régulièrement. *« Il faut assurer un suivi, par exemple en mettant en place un appareil de mesure du niveau de la nappe. »*

Conseils d'expert. *« Parfois, les communes peuvent penser qu'elles n'ont plus d'eau alors que la pompe qui exploite le forage est juste mal positionnée. »* Selon les cas, Nicolas apporte sa propre expertise ou les oriente vers une société spécialisée. Sa vision globale sur les nappes à l'échelle du département est appréciée: *« En tant que membre du comité de sécheresse, j'apporte une expertise au préfet, par exemple en cas de décision de restrictions d'eau. »*

Activités variées. Nicolas se rend régulièrement sur le terrain pour inspecter des captages. *« Dans les communes isolées, rejoindre les sources nécessite parfois une demi-heure de marche en portant le matériel nécessaire à l'étude. »* Quand il n'est pas à l'extérieur, il rédige des rapports techniques, prépare des dossiers d'appel d'offres ou participe à des réunions avec différents partenaires.

€ Quel salaire ?

En début de carrière : à partir de 1600 € brut par mois (hors primes) pour un ingénieur territorial (fonctionnaire), de 1800 à 2300 € dans le secteur privé. La rémunération progresse ensuite pour atteindre environ 4550 € après 15 à 20 ans d'expérience.

Ça recrute ?

Le nombre de postes est réduit, tant dans le secteur privé que dans la fonction publique. On observe cependant une augmentation du nombre de recrutements. La pollution des sols et des nappes phréatiques ou encore l'utilisation de pesticides ou de nitrates nécessitent des spécialistes pour protéger et gérer la ressource en eau.

Quelle évolution ?

« Dans la fonction publique territoriale, il est possible d'évoluer, soit vers des postes d'encadrement (pilotage de projets à plus grande échelle), soit vers une expertise plus pointue. Dans le privé, on peut devenir directeur de bureau d'études spécialisé, avec une fonction moins technique. »

Quelles études ?

Après le bac en 2 ou 3 ans

Le BTS géologie appliquée peut conduire aux fonctions de technicien ou permettre d'entrer dans une école d'ingénieurs géologues. L'institut technique LaSalle Beauvais délivre un titre de technicien supérieur en géologie après un cursus post-bac en 3 ans.

Après le bac en 5 ans

La majorité des postes requiert un niveau bac + 5. À l'université, les licences de sciences de la Terre et de l'environnement donnent accès aux masters spécialité hydrogéologie ou eaux souterraines.

Plusieurs écoles d'ingénieurs (Bordeaux INP-Ensegid, ENS Géologie, Eost Strasbourg, LaSalle Beauvais, Mines de Paris, Polytech Paris-UPMC...) proposent aussi cette spécialisation.

Retrouvez les études pp. 77, 90, 94 et 97.

ACOUSTICIEN

© DR

Quentin Crespel,
acousticien environnement chez Acapella, à Lille (62)

« Mon objectif : lutter contre la pollution sonore. »

L'histoire de Quentin est celle d'une vocation contrariée. *« Je voulais être ingénieur du son. Mais j'ai découvert le métier d'acousticien et je ne regrette rien. »* Après quelques années d'expérience, ce jeune homme de 32 ans apprécie la diversité de ses missions. *« Il n'y a pas de journée type et il faut mener plusieurs projets de front. Avec un seul objectif : lutter contre la pollution sonore. »*

Un stage déterminant. C'est lors de son stage de fin d'études, en DUT mesures physiques, qu'il acquiert une première expérience chez Acapella. Le patron apprécie son travail. *« J'ai réintégré ce bureau d'études, comme acousticien environnement, après une licence pro acoustique et vibration préparée en alternance. »*

Des projets de A à Z. Sa mission : limiter les nuisances sonores en se basant sur une réglementation stricte. Son intervention peut être préventive ou corrective. *« Concrètement, j'établis un diagnostic à partir d'un projet de construction ou d'une nuisance donnée. Après avoir pris et analysé des mesures, je modélise les impacts sonores des projets à l'aide de logiciels. Puis je propose des solutions visant à réduire ces impacts et je suis les chantiers. »*

Des discothèques aux éoliennes. Quentin intervient dans quatre domaines : les ambiances musicales (discothèques, bars, salles de réception...), les sites industriels, les opérations d'aménagement (autoroutes, zones d'activité, lotissements...) et l'installation de parcs éoliens. *« Pour ce dernier type de mission, je peux me déplacer partout en France. Mais, le plus souvent, mes clients se situent dans le Nord ou en région parisienne. »* Gérant son planning, il passe les trois quarts de son temps au bureau. Cependant, l'aspect relationnel et la présence sur le terrain sont primordiaux pour ce « chasseur de bruit ».

Quel salaire ?

« Titulaire d'une licence pro, j'ai débuté avec un salaire de 1950 € brut par mois et perçois 2600 € (hors primes) après 8 ans d'expérience. » Une rémunération qui reflète la moyenne, sachant qu'un ingénieur expert dans son domaine peut toucher 3900 € brut.

Ça recrute ?

« Ce métier jeune a beaucoup recruté dans les premiers temps. Les débouchés sont à présent plus limités, notamment au sein des bureaux d'études. »
De grandes entreprises, comme Renault ou EDF, et des sociétés d'ingénierie (pas toujours spécialisées en acoustique) peuvent embaucher des acousticiens. Le secteur public offre quelques postes.

Quelle évolution ?

Chargé d'études, l'ingénieur peut ensuite évoluer vers l'encadrement d'une équipe, ou se spécialiser dans un certain type de nuisances sonores.

Quelles études ?

Après le bac en 2 ou 3 ans

Des postes de technicien sont accessibles après un DUT (mesures physiques, génie civil, génie mécanique et productique, génie électrique et informatique industrielle) ou un BTS (électrotechnique, systèmes numériques, bâtiment) complété par une licence pro en 1 an spécialisée en acoustique (à Angoulême, au Mans, à Saint-Étienne...). La licence sciences pour l'ingénieur de l'université du Mans offre un parcours acoustique.

Après le bac en 5 ans

Pour travailler dans des grandes entreprises ou accéder à des postes à responsabilités, un diplôme de niveau bac + 5 est recommandé. Quelques masters de physique ou de mécanique permettent ainsi de se spécialiser en acoustique architecturale et industrielle (universités du Mans, Pierre et Marie Curie à Paris...).

Certaines écoles d'ingénieurs proposent une spécialisation en acoustique et vibrations (UTC Compiègne, École centrale de Marseille...).

Retrouvez les études pp. 77, 84, 88, 90 et 94.

CHEF DE PROJET SITES POLLUÉS

© DR

Brice Guillouet,
chef de projet sites pollués, chez Serpol

« Préserver l'environnement et la sécurité guide ma façon de gérer le projet. »

«Ma mission réunit la gestion des déchets, le terrassement, le management et la sécurité des personnels.» De quoi combler Brice, attiré à la fois par les travaux publics et par l'environnement. Au sein de la société Serpol, il pilote des projets variés: extraction du sol pollué lors du démantèlement d'une station-service, traitement, sur un site en activité, des terres souillées avant de les remettre en place. Des projets dont les enjeux financiers sont parfois lourds.

Du terrain à la gestion. Pas question de manager un projet de A à Z sans être passé par le terrain. C'est pourquoi Brice a débuté en tant que chef de chantier, parallèlement à la préparation d'un master environnement, risques naturels et urbains, en alternance. *«J'étais très souvent en déplacement sur le terrain. Cela me plaisait, mais, très vite, j'ai eu envie d'évoluer vers la gestion de projet, et donc de m'occuper des devis, des démarches administratives, de la préparation des moyens matériels et humains...»*

Polyvalence. Brice a aussi acquis l'autorité nécessaire pour ne pas *«se laisser manger par les sous-traitants»*. Son bagage en physique, et surtout en chimie et en hydrogéologie, reste très utile lorsqu'il choisit la meilleure méthode de traitement des sols. La diversité des profils au sein de l'équipe lui a permis de combler d'éventuelles lacunes. *«Certains collègues viennent des travaux publics. Même s'ils ne gèrent pas les mêmes chantiers que moi, nos échanges sont très riches.»*

Zéro accident. Aujourd'hui sédentaire, il continue à s'intéresser aux engins de chantier. Surtout, il a l'obsession de la sécurité, si cruciale dans les travaux publics. *«Notre objectif? Zéro accident. Préserver l'environnement et la sécurité guide ma façon de gérer le projet et les équipes, en amélioration continue.»*

Quel salaire ?

Entre 2500 et 3000 € brut par mois pour un jeune chef de projet, selon la structure qui l'emploie.

Ça recrute ?

Aujourd'hui, toute opération d'aménagement implique une étude des sols, avec l'obligation de respecter certains seuils de dépollution. Même exigence pour les industries qui démantèlent une unité et pour les sites en activité où les sols pollués doivent être réhabilités. Le secteur est donc porteur pour les jeunes diplômés, avec des postes dans les bureaux d'études, les groupes industriels et les sociétés d'ingénierie.

Quelle évolution ?

Un jeune diplômé débute généralement sur le terrain, en tant que chef de chantier, avant d'évoluer rapidement vers un poste de management. Après quelques années, il peut devenir responsable d'un département environnement, consultant dans un cabinet privé, ou postuler un emploi d'inspecteur des installations classées (lire p. 55).

Quelles études ?

Après le bac en 5 ans

À l'université, un certain nombre de masters environnement répondent aux besoins du secteur avec une formation axée sur les géosciences (géologie de l'aménagement ; sols, eaux ; hydrologie, hydrochimie, sols, hydrogéologie...) ou la chimie (pollutions chimiques, risques environnementaux...).

De nombreux professionnels sont aussi issus d'une école d'ingénieurs généraliste ou spécialisée en géologie, hydrologie, chimie ou travaux publics.

Retrouvez les études pp. 90 et 94.

RESPONSABLE DE LA GESTION DES DÉCHETS

© DR

Vincent Simon,

ingénieur process en tri et valorisation des déchets chez Suez Environnement

« On a installé un centre de tri de dernière génération. »

Voilà 6 ans que Vincent travaille chez Suez Environnement, groupe du secteur des déchets qui emploie 18 000 personnes en France. L'activité de cette entreprise englobe la collecte, le tri, la valorisation, le stockage et l'incinération. Une diversité que ce jeune ingénieur apprécie. Lui-même intervient en appui aux chefs de projet, pour la partie technique, le process et l'exploitation.

Un ingénieur communicant. Après un DUT génie biologique option génie de l'environnement, ce pragmatique poursuit ses études à l'École des métiers de l'environnement (EME) de Rennes, dans la spécialité environnement industriel. C'est lors d'un stage chez une entreprise concurrente de Suez Environnement qu'il découvre la filière du traitement des déchets. *« Ce métier est en évolution permanente et exige de savoir communiquer. Le travail d'équipe est indispensable. »*

Tout au long du projet. Le projet d'installation d'un centre de tri des déchets peut s'étaler sur 2 ans. *« J'interviens à différentes étapes : choix des fournisseurs, élaboration du cahier des charges, supervision du chantier (de la construction à la mise en service). »* Afin de garantir la rentabilité de la plate-forme de tri et sa sécurité, il suit ensuite son exploitation.

Des clients privés ou publics. Au bureau, Vincent collabore avec quatre autres salariés, mais ses interlocuteurs sur le terrain sont multiples. *« Actuellement, on gère 120 centres de tri. »* Une certaine polyvalence s'impose, d'autant plus que les clients appartiennent aussi bien au secteur privé qu'au secteur public. Récemment, cet ingénieur a par exemple travaillé sur l'écopôle de Valorpôle 72 au Mans. *« On a réhabilité un ancien site industriel et installé un centre de tri de dernière génération pour les collectivités de la Sarthe »*, se réjouit-il.

Quel salaire ?

De 3900 € brut par mois pour un ingénieur débutant, dans le secteur privé, jusqu'à 5200 € pour un confirmé. La rémunération d'un technicien territorial (fonctionnaire) débutant s'élève à 1500 € brut par mois (hors primes); celle d'un ingénieur territorial à 1600 €.

Ça recrute ?

Les politiques environnementales en faveur du recyclage et les évolutions technologiques rendent ce secteur porteur au sein des collectivités publiques, des bureaux d'études, des sociétés d'ingénierie et des groupes industriels. Ce dynamisme profite aux ingénieurs et aux technico commerciaux. Les collectivités territoriales emploient des techniciens et des ingénieurs territoriaux.

Quelle évolution ?

Comme le souhaite Vincent, un ingénieur peut devenir responsable de la gestion d'un site de traitement. En aval, le technicien peut se spécialiser dans un type de déchets ou une filière de recyclage.

Quelles études ?

Après le bac en 2 ou 3 ans

Le BTS métiers des services à l'environnement et le DUT génie biologique option génie de l'environnement donnent accès aux postes de techniciens. Mais, pour encadrer des équipes, mieux vaut être armé d'une des multiples licences professionnelles spécialisées dans la gestion des déchets.

Après le bac en 5 ans

Un master spécialité ingénierie/gestion des déchets ou un diplôme d'ingénieur (en automatismes, chimie, thermique, traitement des déchets, génie civil, hydraulique...) permet d'accéder directement à un poste de cadre, et offre une évolution plus rapide, notamment sur les sites de traitement importants.

Retrouvez les études pp. 77, 84, 88, 90 et 94.

RESPONSABLE DE STATION D'ÉPURATION

© DR

Laurent Chilles,
responsable de la station d'épuration de Seine Aval, à Achères (78)

« Si on s'arrête une journée, on tue la Seine pour 10 ans. »

En bord de Seine, Laurent dirige l'activité de la plus grande station d'épuration d'Europe. Sa responsabilité est énorme: traiter les eaux usées de 6,5 millions d'habitants. C'est lui qui donne les instructions, par exemple pour modifier des réglages. Il désigne également les personnes chargées de résoudre d'éventuels problèmes de pollution. *« Si on s'arrête une journée, on tue la Seine pour 10 ans. Dans les années 1970, on y comptait trois sortes de poissons. Aujourd'hui, il y en a 32, dont le saumon »*, se réjouit-il.

Formation d'ingénieur. Diplômé de l'École spéciale des travaux publics, du bâtiment et de l'industrie (ESTP), cet ingénieur a d'abord travaillé pendant 16 ans chez Snecma (motoriste aéronautique et spatial). Il a ensuite abandonné le secteur privé pour intégrer le Syndicat interdépartemental de l'assainissement pour l'agglomération parisienne (SIAAP).

Un chef d'entreprise. *« Je passe 70 % de mon temps à piloter les salariés du site et le reste dans des réunions externes, avec des personnes du siège et des élus locaux. »* La station d'Achères emploie 800 agents qui assurent, jour et nuit, la qualité des eaux. Laurent est donc avant tout un manager. Sous sa houlette, de nombreux mécaniciens et agents de maintenance, mais aussi des techniciens et des ingénieurs, qui prélèvent des échantillons qu'ils analysent et contrôlent en permanence. Sans oublier les informaticiens et les autres personnels administratifs.

Organiser et motiver. *« Je suis au bureau tôt le matin et jusqu'à tard le soir »*, explique ce fonctionnaire territorial. Son quotidien: faire en sorte que la station consomme le moins possible, assurer la sécurité de tous, maintenir les finances à l'équilibre et vérifier les bilans d'épuration. *« Ce métier exige de vastes connaissances techniques et surtout de savoir organiser et motiver. »*

Quel salaire ?

« Ingénieur territorial en chef, je gagne environ 10 400 € brut par mois », précise Laurent. Dans une petite station, un jeune responsable perçoit en moyenne 2 600 € dans le secteur public et 3 900 € dans le privé.

Ça recrute ?

Les emplois se trouvent dans les communes et les communauté de communes, ainsi que dans les sociétés de traitement des eaux (Saur, Suez Environnement, Veolia Environnement...). Les collectivités territoriales recrutent des fonctionnaires sur concours.

Quels débuts ?

La direction d'un site exige une expérience d'au moins 1 an pour les petites unités, 5 ans à partir d'une certaine taille. Un responsable de station confirmé peut ensuite prendre en charge une exploitation plus importante ou intégrer une agence de l'eau (établissement public).

Quelles études ?

Après le bac en 2 ou 3 ans

Pour les petites stations, le métier est ouvert aux techniciens ayant une certaine expérience professionnelle. Le BTS métiers de l'eau et le BTSA gestion et maîtrise de l'eau se préparent en 2 ans après le bac. Il est ensuite possible de parfaire sa compétence, en 1 an, dans le cadre d'une licence pro spécialisée en traitement des eaux.

Après le bac en 5 ans

Dans les stations d'épuration de taille plus importante, le responsable est le plus souvent titulaire d'un diplôme de niveau bac + 5 : master traitement et qualité des eaux ou hydraulique ; diplôme d'ingénieur (EME, Engees, Ensi Limoges et Poitiers, ESTP...).

Retrouvez les études pp. 77, 88, 90 et 94.

TECHNICIEN D'EXPLOITATION DE L'EAU

© DR

Kévin Duhaut,

chargé de production et traitement de l'eau, à la station d'épuration de Maurepas (78)

« Il faut savoir régler les problèmes et se débrouiller seul. »

Embauché comme technicien par la société Saur il y a 8 ans, Kévin a d'abord travaillé dans trois petites stations d'épuration. Aujourd'hui, il est chargé de l'exploitation et de la maintenance d'une station plus importante à Maurepas, en tant qu'adjoint au chef de service.

Sur le pont. Afin de préserver l'environnement, les eaux usées subissent une série de traitements, destinés à les nettoyer, avant leur rejet dans la nature. À l'extérieur la plupart du temps, Kévin veille au bon déroulement de ces opérations : *« Je suis le référent assainissement. »* Deux fois par semaine, il effectue des analyses afin de contrôler la qualité de l'eau. *« J'ai un petit laboratoire où je fais mes propres analyses. »* Il vérifie notamment que les résultats des analyses sont conformes aux normes réglementaires.

Autonome et débrouillard. Polyvalent, Kévin touche un peu à tout : entretien du matériel, électricité, mécanique, analyses. Il doit gérer les imprévus et faire face aux urgences. *« Quand un élément ne fonctionne pas bien, je suis souvent seul. »* La station fonctionnant en permanence, il assure des gardes la nuit. *« En cas de difficultés à 2 ou 3 heures du matin, on ne peut pas appeler. Il faut apprendre à régler les problèmes et se débrouiller seul. »*

Piloter une équipe. Kévin dirige trois personnes qui travaillent dans d'autres stations : *« Je les aide lorsqu'elles ont des problèmes techniques. J'assure aussi la formation des apprentis et des stagiaires. »* C'est également lui qui gère la partie administrative et les relations avec l'extérieur. *« Nous devons fournir des informations réglementaires aux syndicats ainsi qu'aux instances de l'État, comme les agences de l'eau et la police de l'eau. »*

€ Quel salaire ?

Le salaire d'un technicien d'exploitation de l'eau débutant varie généralement entre 1500 et 2000 € brut par mois. Il s'élève à 2300 € après quelques années d'ancienneté.

Ça recrute ?

Le domaine du traitement de l'eau figure parmi les plus porteurs du secteur de l'environnement. Avec un bon niveau de formation, l'insertion professionnelle est relativement rapide.

Quels débuts ?

Un technicien débutant intervient parallèlement dans plusieurs petites stations d'épuration. L'expérience permet d'être affecté à des stations plus importantes, puis de viser un poste de responsable. *« Au bout d'un an et demi, j'ai obtenu le poste d'adjoint au chef de service. J'ai alors été chargé de stations d'épuration plus grosses »*, explique Kévin.

Quelles études ?

Certains postes d'agent d'exploitation sont ouverts aux titulaires de certificat d'aptitude professionelle (CAP) ou de bac pro (plomberie, électrotechnique, maintenance, mécanique).

Après le bac en 2 ou 3 ans

Les postes de technicien sont accessibles après une formation de niveau bac + 2 au moins.

Le BTS métiers de l'eau et le BTSA gestion et maîtrise de l'eau (GEMEAU) sont profilés pour l'accès à ce métier.

Ils peuvent être complétés, en 1 an, par une licence pro protection de l'environnement spécialité traitement et analyse de l'eau et des déchets aqueux, maintenance industrielle ou électrotechnique.

Il est également possible de commencer par une formation en chimie, complétée par une licence pro traitement et analyse de l'eau.

Retrouvez les études pp. 72, 77 et 88.

TECHNICIEN DE LA QUALITÉ DE L'AIR

© DR

Sébastien Dubost,

technicien de la qualité de l'air à l'Aspa, à Strasbourg (67)

« Les particuliers peuvent aussi demander des mesures de l'air intérieur. »

Dès qu'il le peut, Sébastien se déplace à vélo. Logique puisque son métier consiste à traquer la pollution de l'air dans la région de Strasbourg pour l'Association pour la surveillance et l'étude de la pollution atmosphérique en Alsace (Aspa), agréée par l'État. Et cela, en réalisant des campagnes de mesures sur des stations fixes et des prélèvements d'échantillons sur des sites mobiles.

Le sens des initiatives. Sébastien est arrivé à l'environnement un peu par hasard, un DUT mesures physiques en poche. Après un premier emploi dans une raffinerie, il présente sa candidature à l'Aspa. *« Au début, je craignais la monotonie. En fait, c'est très varié puisqu'il faut rechercher des sites où placer des équipements, demander des autorisations de branchement, préparer le matériel pour les tournées, tester de nouveaux modes opératoires... »*

Air extérieur et intérieur. Sébastien sillonne la région afin d'étalonner les mesures de gaz, température, pression, humidité. L'objectif ? Faire remonter les données en vue de se conformer aux directives européennes. Il intervient aussi bien dans le cadre d'une étude d'impact liée à l'élargissement d'une autoroute qu'à la demande de riverains préoccupés par la proximité d'un aéroport. *« Les particuliers peuvent aussi demander des mesures de l'air intérieur, par exemple sur avis médical. »*

De nouveaux polluants. Devenu responsable du laboratoire de métrologie, Sébastien est aujourd'hui plus sédentaire. Il n'assure plus la réalisation des campagnes, mais se consacre à la gestion technique des appareils et au contact avec la clientèle. La pollution évolue elle aussi, nécessitant de nouveaux appareils. Si le dioxyde de soufre a pratiquement disparu, on recherche maintenant des polluants comme le formaldéhyde ou les pesticides.

Quel salaire ?

Un technicien débutant perçoit un salaire d'environ 1600 € brut par mois. Dans les associations agréées par l'État, la rémunération évolue selon une grille, comme dans la fonction publique.

Ça recrute ?

Les associations agréées par l'État recrutent peu. Cependant, la réglementation oblige les industriels à mesurer leurs émissions en respectant certains seuils. Les entreprises ont donc recours à ces professionnels. Par ailleurs, les bureaux d'études chargés de contrôler les industries recherchent des profils spécialisés. Il existe également quelques opportunités dans des organismes de recherche.

Quelle évolution ?

Après quelques années sur le terrain à effectuer des mesures sur site, le technicien évolue vers un poste de responsable de secteur ou de laboratoire.

Quelles études ?

Le niveau de qualification varie selon le poste occupé.

Après le bac en 2 ou 3 ans

La transmission des données étant automatisée, les stations font moins appel à l'intervention de techniciens, sauf pour la maintenance des équipements. Les titulaires des BTS chimiste ou fluides, énergies, domotique, ou des DUT mesures physiques ou hygiène, sécurité, environnement correspondent à ce profil de poste.

Après le bac en 5 ans

Le traitement de masses importantes de données et la modélisation informatique qui permet de calculer les pollutions nécessitent l'intervention de professionnels de niveau bac + 5. Différents profils se côtoient : titulaires de master en informatique, physique appliquée, chimie, environnement (spécialités qualité de l'air, atmosphère et environnement urbain...) et diplômés d'écoles d'ingénieurs, notamment en chimie.

Retrouvez les études pp. 77, 84, 90 et 94.

TECHNICO-COMMERCIAL ENVIRONNEMENT

© DR

Jérôme Louat,
ingénieur technico-commercial chez Environnement SA, à Poissy (78)

« Nous sommes les ambassadeurs du client. »

Jérôme a suivi un parcours classique d'ingénieur : bac S, classe prépa puis École supérieure d'optique. Après 1 année de spécialisation en biologie médicale, sa carrière a débuté chez Thales où il a travaillé sur la protection contre les armes biologiques. Sa compétence pointue dans les systèmes d'analyse des gaz et aérosols le conduit ensuite vers l'environnement.

Vente d'instruments de mesure. Arrivé chez Environnement SA il y a 3 ans, il est chargé de la zone Asie-Océanie pour les activités émission et air ambiant. *« Je vends des instruments de mesure de la qualité de l'air à des clients asiatiques, en général des ministères ou des industries polluantes. »* Au bureau, il passe de longues heures plongé dans des dossiers techniques ardus, étudie des appels d'offres, répond aux questions des techniciens, fait avancer des projets... Mais, 1 semaine par mois, c'est en Asie qu'on le trouve.

À l'international. Ses contacts sont multiples, tant en interne qu'avec les agents commerciaux en poste dans les pays partenaires. Ce bilingue français-anglais, qui a aussi des notions de mandarin, est à l'aise dans plusieurs cultures. *« Je suis les réglementations locales et fais la distinction entre ce qui est écrit et ce qui est appliqué. »*

Suivi technique. Ayant pour mission de proposer le produit le plus adapté au prix le plus compétitif, Jérôme affirme : *« Nous sommes les ambassadeurs du client. De quoi se sentir utile, d'autant que l'Europe jouit d'une bonne image environnementale. »* Et de citer l'installation à Oulan-Bator, capitale de la Mongolie, d'un système de surveillance de la qualité de l'air, dont il assure le suivi technique au gré des aléas. Car ce professionnel ne craint pas d'être appelé pour un problème imprévu à l'autre bout de la planète.

Quel salaire ?

Jérôme perçoit 4 330 € brut par mois. La rémunération d'un jeune diplômé varie entre 2 000 et 3 000 € brut par mois. Le salaire fixe est complété par des primes liées au résultat.

Ça recrute ?

Actuellement, il y a des débouchés, mais ils varient en fonction du contexte politique (normes, subventions...). Les postes se trouvent dans des petites entreprises (fabricants de produits dépolluants, récupération de matières recyclables, services de collecte des déchets...), mais aussi dans les bureaux d'études de grands groupes.

Quelle évolution ?

« Les possibilités d'évolution varient selon la taille de l'entreprise : responsable secteur, directeur des ventes, directeur d'agence ou encore responsable marketing. »

Quelles études ?

Le niveau de compétence technique exigé varie en fonction des produits ou des services commercialisés. Une seconde compétence dans les techniques de vente est un atout.

Après le bac en 2 ou 3 ans

On peut devenir technico-commercial en environnement après un BTS ou un DUT dans une spécialité technique. Ces diplômes peuvent être complétés en 1 an par une licence pro en instrumentation, technico-commercial...

Après le bac en 5 ans

Les profils de niveau bac + 5 se voient confier des portefeuilles d'affaires ou des secteurs géographiques plus importants : diplômés de master (en génie des procédés, physique, chimie, biologie ou environnement) et ingénieurs. Il existe des cursus hybrides ingénieur/commercial.

Retrouvez les études pp. 77, 84, 88, 90 et 94.

LES CONDITIONS DE TRAVAIL

Pas toujours en pleine nature ! Être au service de l'environnement consiste souvent à rédiger des rapports sur ordinateur ou à faire des analyses en laboratoire. Et aussi à dialoguer, convaincre…

Ambiance
Pas que du plein air

À la belle saison, les chargés d'études environnementales sont sur le terrain. Munis d'un filet et de jumelles, ils repèrent et identifient les papillons, ou font des relevés floristiques. Mais, le plus souvent, ces naturalistes travaillent dans un bureau. *« Le terrain représente environ le tiers de mon activité*, estime une écologue. *Le reste du temps, je cartographie des espèces, je rédige des rapports, je participe à des réunions ou je réponds à des appels d'offres. »* Même écho du côté d'une chargée de mission en parc naturel. *« Je passe beaucoup de temps à monter des dossiers ou en réunion pour présenter des projets à des élus. »* Animateur nature et garde d'espace naturel sont, eux, de vrais métiers du dehors… et par tous les temps.

Relationnel
L'art de la concertation

Mettre en place un schéma d'aménagement et de gestion des eaux (Sage), réfléchir à l'implantation d'une zone artisanale sur des friches… de nombreux projets environnementaux réunissent différents acteurs autour de la table. *« Pour un projet Sage, j'anime le débat entre les usagers, les élus et les représentants de l'État, des conseils départementaux et de l'agence de l'eau. Si besoin, j'invite un hydrogéologue et un hydraulicien »*, explique une chargée de mission. À elle de susciter des rencontres pour faire avancer le projet en s'armant de patience. *« Fixer le périmètre d'un bassin versant a pris 3 ans. »* Écouter, comprendre, convaincre en douceur est fondamental.

Élus, associations, représentants de l'État… savoir partager et convaincre est nécessaire.

Motivation
Des projets de A à Z

Pour un responsable de la gestion des déchets comme pour un technico-commercial, un gros projet peut durer 2 ans : choix des fournisseurs, rédaction du cahier des charges, suivi du chantier jusqu'à la mise en service de l'équipement ou de l'installation. Gérer de tels projets de A à Z exige de faire preuve d'autonomie, même si l'on n'est jamais isolé. *« En cas de difficulté, je peux consulter les collègues qui ont traité un cas similaire. Et, sur de gros projets, on travaille à plusieurs »*, remarque un hydraulicien. L'adaptabilité est aussi indispensable : *« Je travaille pour des communes ou des industriels,* explique une chargée d'opérations environnement. *Il me faut comprendre les besoins et le mode de fonctionnement de chaque client. »*

© CYRIL LAURET/ONISEP

Carrière
PME ou groupe ?

Au sein d'un petit bureau d'études ou d'une PME, l'autonomie et la polyvalence sont la règle. *« Mon travail est très formateur,* souligne une chargée d'études. *Sur 1 semaine, je peux travailler pour trois ou quatre collectivités ou entreprises industrielles. Accumuler des expériences variées permet de monter rapidement en puissance. »* Les diplômés qui choisissent d'intégrer de petites équipes apprécient la proximité qui s'établit entre collègues. Seule ombre au tableau : les opportunités d'évolution sont moins nombreuses qu'au sein des grands bureaux d'études (certains comptent des centaines de salariés) ou des groupes des éco-industries. Ces derniers peuvent en outre offrir des carrières à l'international.

Contraintes
Sécurité oblige

Les agents d'une station d'épuration garantissent la qualité des eaux jour et nuit. *« La station fonctionnant en permanence, j'assure des gardes la nuit »*, évoque un responsable. Avec l'obligation de gérer les imprévus et de faire face aux urgences. Par ailleurs, les techniciens sont parfois nomades. *« Ils tournent sur deux à quatre stations, en fonction des problèmes, dans un rayon de 20 à 30 km. »* Dans les centrales nucléaires, la sécurité est la priorité. Là aussi, l'activité des agents peut s'exercer par roulements, le week-end et la nuit. Des règles strictes de prévention s'imposent : tenue de protection, conduite à adopter en cas de situation anormale...

DICO DES MÉTIERS

© ALAIN POTIGNON/ONISEP

PRÉVENTION DES RISQUES

CHARGÉ/E D'ÉTUDES ENVIRONNEMENTALES

★★

Avant de construire une station d'épuration, son futur impact sur l'environnement est évalué. Quantité de rejets, qualité de l'eau, détérioration du paysage... différents critères sont examinés par des chargés d'études. Comme pour toute opération d'aménagement (construction d'axes routiers, par exemple), ces spécialistes de la faune et de la flore sont consultés, tout comme des généralistes de l'aménagement et des spécialistes de l'écologie.

Formation

Master ou diplôme d'ingénieur.
Doctorat spécialité environnement.

CHARGÉ/E D'ÉTUDES RISQUES NATURELS

★★

De la coulée de boue à l'inondation, les risques naturels peuvent avoir des conséquences désastreuses. Ces professionnels réalisent des études afin de les prévenir. Sur le littoral, ils s'intéressent ainsi au recul de la bande côtière et à l'érosion des falaises. Chaque mission débute par un diagnostic géophysique, géotechnique, hydrologique... Puis ils simulent les risques à l'aide de logiciels de modélisation. Enfin, ils proposent des mesures adaptées (modification de l'écoulement d'un torrent, stabilisation d'un glissement de terrain...).

Formation

Master, diplôme d'ingénieur ou doctorat en géologie, géotechnique, génie maritime et côtier, hydrologie, hydraulique.

CHEF/FE DE PROJET ENVIRONNEMENT

★☆

Contrôle qualité des nappes souterraines, prévention des pollutions... pour assurer le respect des réglementations environnementales, ces chefs de projet mettent en place des actions dans leurs entreprises. Ils veillent à ce que ces dernières obtiennent une certification en management environnemental. À cet effet, ils étudient comment améliorer les procédés de fabrication: réduction de la consommation d'énergie, limitation et recyclage des déchets...

Formation

Master en environnement ou diplôme d'ingénieur généraliste ou spécialisé environnement.

JURISTE ENVIRONNEMENT

★☆

Les entreprises industrielles doivent se mettre en conformité avec la réglementation environnementale. Les juristes environnement les assistent et les conseillent, selon les besoins. Contrôle obligatoire de la concentration en polluants dans les rejets d'eaux usées? Ils accompagnent l'industriel dans ses démarches auprès des services de l'État. Acquisition de terrain, dépollution des sols ou création d'un site? Ils analysent les textes, dont ils font une veille quotidienne, et participent au montage des dossiers.

Formation

Master en droit de l'environnement.

INSPECTEUR/TRICE DES INSTALLATIONS CLASSÉES

★☆

Plus de 500 000 entreprises industrielles et agricoles sont jugées à risque pour la santé publique ou l'environnement. La surveillance de ces installations classées pour la protection de l'environnement (ICPE) est confiée à quelque 1500 inspecteurs assistés de techniciens supérieurs. Lors de visites ou sur dossier, ils contrôlent régulièrement l'empreinte des ICPE sur l'environnement. Ils doivent aussi examiner les demandes d'ouverture des établissements qui présentent le plus de risques, gérer les plaintes en cas de nuisances ou de pollution, ainsi que suivre les procédures administratives et pénales.

Formation

Concours d'ingénieur de l'industrie et des mines ouvert aux titulaires d'un diplôme d'ingénieur ou d'un master scientifique.
Concours de technicien supérieur de l'économie et de l'industrie ouvert aux titulaires d'un BTS ou d'un DUT.

MÉTÉOROLOGUE

★☆

Leur objectif? Prévoir le temps qu'il fera demain ou dans 2 semaines. Rien de magique, tout est scientifique! Les techniciens météorologues effectuent des relevés atmosphériques: pression, température, taux d'humidité, vent... Les ingénieurs analysent et interprètent ces données. Leurs prévisions, destinées aux professionnels (navigation aérienne, agriculture...) et au grand public, permettent de limiter l'impact des accidents climatiques.

Formation

Formation de technicien des métiers de la météorologie et de technicien supérieur instrumentation et installation assurées par l'École nationale de la météorologie (ENM à Toulouse) après réussite à un concours (après un bac S pour le premier, un DUT mesures physiques pour le second). Diplôme d'ingénieur de l'ENM ou master spécialité atmosphère.

★☆ *Accessible directement après ses études*
★★ *Accessible avec de l'expérience*

RESPONSABLE COMMUNAL/E ENVIRONNEMENT

★★

Leur mission au sein d'une commune : veiller à ce que l'action locale (économique, sociale, territoriale) s'inscrive dans une démarche de développement durable. Pour cela, ils travaillent en concertation avec les cadres techniques (eau, déchets, espaces verts...) et rencontrent les habitants, sans perdre le contact avec les élus. Ils mènent aussi des actions de sensibilisation auprès des établissements scolaires, des associations, des commerçants... Compétences en gestion budgétaire, marchés publics et veille réglementaire indispensables.

Formation

Master environnement, aménagement ou urbanisme, ou diplôme d'ingénieur.

© MAYO5/ISTOCK

TECHNICIEN/NE EN RADIOPROTECTION

★☆

Chargés de prévenir d'éventuels incidents, ces techniciens interviennent dans les centrales nucléaires, les sites d'exploitation des mines d'uranium ou les lieux de traitement et de stockage des déchets nucléaires. Contrôle du taux de radiation des personnes exposées, compactage des déchets en containers spéciaux, surveillance de l'état du réacteur et des systèmes de sécurité, prélèvement d'échantillons pour analyses... font partie de leur activité. Ils se chargent également des procédures de décontamination si des cas d'irradiation sont constatés. Dans le strict respect des consignes de sécurité.

Formation

Bac pro techniques d'interventions sur installations nucléaires ; BTS contrôle des rayonnements ionisants et applications techniques de protection ; BTS environnement nucléaire.

TECHNICIEN/NE HYGIÈNE, SÉCURITÉ, ENVIRONNEMENT

★☆

Ces techniciens analysent les risques d'une entreprise (nuisances sonores, pollutions accidentelles...) et proposent des solutions pour améliorer la sécurité et la santé au travail des personnels. Ils conseillent les responsables (méthodes de travail, équipements et protections, respect des normes environnementales et de sécurité, etc.) et sensibilisent les salariés. Ce métier peut s'exercer dans de nombreux secteurs (chimie, agroalimentaire, transport, collectivités territoriales...).

Formation

BTS métiers des services à l'environnement ; DUT hygiène, sécurité, environnement ; licence pro. Master ou diplôme d'ingénieur pour les postes d'encadrement.

PROTECTION DE L'ENVIRONNEMENT

ANIMATEUR/TRICE NATURE

★★

La faune et la flore n'ont pas de secrets pour ces animateurs qui font découvrir la nature au public, jeune et adulte. Ils sensibilisent et éduquent aussi à la protection de l'environnement, avec un programme varié : visites d'espaces naturels, identification des espèces d'oiseaux, chantiers pour replanter des arbres, animations portant sur la gestion de l'eau et des déchets...

Formation

BPJEPS loisirs tout public option éducation, développement durable ; BTSA gestion et protection de la nature ; licence pro médiation scientifique et éducation à l'environnement ; master écologie et gestion de la biodiversité.

CHARGÉ/E DE MISSION DANS UN PARC NATUREL

★★

Aménagement et paysage, gestion de l'eau, biodiversité, éducation à l'environnement... spécialisés dans un domaine, ces professionnels travaillent au sein d'une équipe pluridisciplinaire. De la création de haies à la mise en place d'une unité de méthanisation, ils accompagnent les porteurs de projet (collectivités territoriales, propriétaires fonciers, associations...) en veillant au respect de la charte du parc. Autre mission : sensibiliser le public à la préservation des écosystèmes. 10 parcs nationaux, 50 parcs régionaux et plus de 300 réserves naturelles emploient ces professionnels.

Formation

Master ou diplôme d'ingénieur spécialité environnement ou aménagement.
Quelques postes accueillent des titulaires de bac + 3.

© ALAIN POTIGNON/ONISEP

CONSEILLER/ÈRE EN ENVIRONNEMENT

★★

Leurs missions varient selon les employeurs, mais l'enjeu est toujours le même : promouvoir le développement durable et la protection de l'environnement. Dans une collectivité territoriale, ces généralistes de l'environnement animent des démarches transversales comme l'Agenda 21 local, le plan climat territorial, le contrat de rivière, etc. Au sein d'une chambre de commerce, d'un organisme public (comme l'Ademe) ou d'un bureau d'études, ils réalisent des diagnostics et accompagnent les entreprises dans la mise en place de démarches de développement durable.

Formation

Master ou diplôme d'ingénieur spécialité environnement.

★★ *Accessible directement après ses études*
★★ *Accessible avec de l'expérience*

CONSEILLER/ÈRE EN MAÎTRISE DE L'ÉNERGIE

★★

Leur objectif: aider des collectivités, des entreprises et des particuliers à réduire leur consommation d'énergie. Après diagnostic, ces conseillers proposent des solutions pour optimiser ou renouveler des équipements, selon les évolutions techniques et la réglementation. Ils réalisent aussi le bilan énergétique de bâtiments et suggèrent des travaux (d'isolation, par exemple).

Formation

BTS fluides, énergies, environnements; DUT génie thermique et énergie; licence pro; master ou diplôme d'ingénieur spécialisé en génie thermique ou climatique, maîtrise de l'énergie, énergies renouvelables...

ÉCOTOXICOLOGUE

★★

Les écotoxicologues analysent les risques des produits chimiques, pharmaceutiques et phytosanitaires pour la santé (humaine et animale) et les écosystèmes. Mesurer la toxicité de ces substances nécessite la réalisation de tests et d'analyses. Ces évaluations leur permettent ensuite d'émettre des avis et des préconisations (rédaction de rapports d'expertise, proposition de mise sur le marché du produit ou non...).

Formation

Master d'écotoxicologie ou chimie de l'environnement; diplôme d'ingénieur; doctorat de pharmacie ou de médecine.

GARDE D'ESPACE NATUREL

★★

Pas de chien, même en laisse! Habilités à dresser des procès-verbaux, les gardes assermentés des espaces naturels sanctionnent les contrevenants. La police de l'environnement n'est pas leur unique mission. Qu'ils exercent dans une réserve ou un parc naturel, les gardes-moniteurs, gardes du littoral et autres éco-gardes protègent la biodiversité: réintroduction d'espèces végétales, suivi sanitaire de chamois, baguage d'oiseaux, balisage de sentiers, sensibilisation des visiteurs à la richesse de la nature... Recrutement sur contrat ou par concours pour les fonctionnaires (agents techniques de l'environnement et techniciens de l'environnement).

Formation

BTSA gestion et protection de la nature; licence pro gestion d'espaces naturels.

GESTIONNAIRE FORESTIER/ÈRE

★★

Faire vivre la forêt et l'exploiter en respectant son développement, telle est leur mission. À partir de ses observations, ils prévoient les coupes et les travaux d'entretien à effectuer pour une durée de 10 à 15 ans. Ils surveillent également la croissance des arbres et organisent les opérations de reboisement. En forêt privée, ils représentent le propriétaire lors de la vente de bois. Ce métier s'exerce auprès de coopératives forestières, en indépendant ou dans des organismes publics. L'Office national des forêts (ONF) emploie des agents sous contrat et des fonctionnaires (techniciens supérieurs forestiers de l'ONF) qui assurent aussi la gestion de la faune et de la flore.

Formation

Bac pro forêt; BTSA gestion forestière.

HYDROGÉOLOGUE

★☆

Afin de satisfaire les besoins en eau des particuliers, des exploitations agricoles et de l'industrie, les hydrogéologues prospectent, évaluent et gèrent les ressources en eaux souterraines. On fait appel à leur compétence pour des opérations de captage, mais aussi lors de la conception d'ouvrages de géothermie. Garantir la protection des nappes contre la surexploitation ou la pollution fait partie de leur mission. Dans ce but, ils surveillent en permanence le niveau et la qualité de l'eau.

Formation

Master ou diplôme d'ingénieur spécialité hydrogéologie, eaux souterraines...

© ALAIN POTIGNON/ONISEP

OCÉANOGRAPHE

★☆

Que l'on soit ingénieur ou chercheur, l'océanographie (physique et biologique) offre des débouchés variés mais réduits. Les ingénieurs océanographes s'investissent dans la protection du littoral, l'aménagement de zones portuaires, la cartographie des fonds marins, les énergies marines renouvelables... Les océanographes biologiques s'intéressent à la biodiversité marine, notamment aux ressources halieutiques (pêche), et apportent des solutions aux pollutions des eaux. La relation entre l'océan et le climat constitue également un axe de recherche. Les opérations en mer alternent avec le dépouillement et la modélisation numérique des données.

Formation

Master ou doctorat en océanographie.
Diplôme d'ingénieur (Ensta Bretagne, SeaTech, AgroCampus Ouest...).
Intechmer offre des cursus de niveau bac + 3.

TECHNICIEN/NE DE RIVIÈRE

★☆

Leur domaine : l'entretien des cours d'eau sur le plan biologique (faune et flore) et hydraulique (débit et qualité de l'eau). Poissons morts, eaux polluées, arbres tombés dans l'eau, zones inondées... les techniciens de rivière établissent un programme d'entretien et suivent les interventions. Dans le secteur public (qui concentre la majorité des emplois), ils conseillent les élus sur les travaux nécessaires.

Formation

BTSA gestion et maîtrise de l'eau, ou gestion et protection de la nature ; BTS métiers de l'eau.

★☆ *Accessible directement après ses études*
★★ *Accessible avec de l'expérience*

TRAITEMENT DES POLLUTIONS ET INGÉNIERIE

ACOUSTICIEN/NE

★★

Leur mission: réduire les nuisances sonores en élevant des murs antibruit le long des autoroutes, en aménageant une cage d'escalier ou en réglant des appareils de climatisation. S'appuyant sur une réglementation très stricte, leur action est préventive ou corrective. Après avoir évalué le nombre de décibels, ils établissent des diagnostics et proposent des solutions. Leurs déplacements sur le terrain sont fréquents.

Formation

BTS ou DUT (en mesures physiques, bâtiment, mécanique, génie électrique); licence pro acoustique; master ou diplôme d'ingénieur spécialité acoustique.

AGENT/E DE DÉCONTAMINATION NUCLÉAIRE

★★

Protégés par une tenue adaptée, ils interviennent notamment lors de l'arrêt de réacteurs nucléaires, pendant le stockage de déchets radioactifs ou à la suite d'incidents dans une centrale. Leur mission: l'assainissement et la décontamination nucléaire par procédés chimiques, le tri et l'évacuation des déchets radioactifs. Chargés, également, de mesures de prévention, ils installent des équipements de radioprotection et effectuent des opérations de maintenance.

Formation

Bac pro techniques d'interventions sur installations nucléaires; BTS environnement nucléaire, ou contrôle des rayonnements ionisants et applications techniques de protection.

CHEF/FE DE PROJET SITES POLLUÉS

★☆

Tenues de dépolluer les sols qu'elles ont souillés par leur activité, les industries font appel à des sociétés indépendantes. Les chefs de projet réalisent un diagnostic à partir de sondages et de l'analyse d'échantillons. Puis ils proposent des solutions, par exemple excaver les terres ou les traiter sur place par oxydation ou à l'aide de procédés biologiques. Ils doivent aussi établir un budget et planifier le travail des techniciens sur le terrain. Ce métier fait appel à des connaissances en géologie, chimie, physique, génie civil...

Formation

Master ou diplôme d'ingénieur en géologie, géochimie, hydrologie, chimie de l'environnement, risques industriels...

GÉOMATICIEN/NE

★☆

Ces spécialiste de la cartographie utilisent des logiciels de système d'information géographique (SIG) afin de représenter un territoire: le sous-sol, les réseaux d'assainissement, la voirie, les écosystèmes... S'y ajoutent des données telles que le nombre d'habitants, les équipements, etc. Des informations précieuses pour une commune qui veut optimiser la collecte des déchets ou numériser son réseau hydrographique. À la fois géographes et informaticiens, ces professionnels travaillent souvent dans des collectivités territoriales ou en bureau d'études pour le compte de ces dernières.

Formation

Licence pro; master ou diplôme d'ingénieur spécialité géomatique ou SIG.

HYDRAULICIEN/NE

★☆

Ces spécialistes de la mécanique des fluides conçoivent des ouvrages hydrauliques (réseaux d'approvisionnement en eau, stations de pompage, barrages...). À partir de mesures et de calculs, ils définissent le dimensionnement de l'ouvrage (calcul des débits, des pressions et du temps de séjour de l'eau pour un réseau de distribution). Il leur revient de prévoir le budget du projet et de prendre en compte l'impact de l'ouvrage sur l'environnement. Ils suivent ensuite le bon déroulement des travaux.

Formation

Master ou diplôme d'ingénieur en hydraulique, mécanique des fluides ou génie civil.

INGÉNIEUR/E MÉTHANISATION

★☆

Grâce à ces professionnels, les déchets biodégradables (comme le fumier, les boues des stations d'épuration ou certains rejets industriels) sont transformés en compost et en biogaz convertible en énergie. Pour cela, ces ingénieurs conduisent des projets, de la conception d'une station de méthanisation à sa mise en service. Ils réalisent ensuite des études d'amélioration.

Formation

Master en gestion et traitement des eaux, sols et déchets, en biologie, génie de l'environnement ou génie des procédés; diplôme d'ingénieur en agronomie, génie énergétique, énergies renouvelables ou électromécanique.

★☆ *Accessible directement après ses études*
★★ *Accessible avec de l'expérience*

RESPONSABLE DE LA GESTION DES DÉCHETS

★★

Les yeux rivés sur la réglementation, ces responsables supervisent l'élimination et la valorisation du contenu de nos poubelles. À cet effet, ils optimisent la collecte et le traitement des déchets, offrent une seconde vie aux verres et aux plastiques, aident les entreprises à développer des lieux de recyclage. Ponctuellement, ils peuvent organiser une campagne de sensibilisation au tri des ordures ménagères. Ce challenge nécessite des connaissances allant de la chimie au génie civil en passant par les aspects administratifs et financiers.

Formation

BTS ou DUT hygiène-environnement ou production industrielle; licence pro; master ou diplôme d'ingénieur avec spécialisation en gestion des déchets.

RESPONSABLE DE STATION D'ÉPURATION

★★

Une station d'épuration collecte et traite en moyenne plus de 3 millions de mètres cubes d'eaux usées par an. Ces ingénieurs ou ces techniciens expérimentés garantissent que les eaux rejetées en milieu naturel, une fois épurées, sont conformes aux normes réglementaires. Au quotidien, ils contrôlent les prélèvements et les analyses qui s'imposent, tout en veillant à l'entretien et à la sécurité de la station. Ces responsables gèrent une équipe parfois importante et un budget. À la clé, de multiples contacts avec les fournisseurs et les élus locaux.

Formation

BTS, BTSA ou DUT des domaines de l'eau ou de l'hygiène-environnement; licence pro; master ou diplôme d'ingénieur en traitement des eaux, chimie, microbiologie ou hydraulique.

TECHNICIEN/NE D'EXPLOITATION DE L'EAU

★★

Leur spécialité : la production d'eau potable ou l'assainissement des eaux usées ou pluviales. Ces techniciens travaillent dans les usines d'eau potable, dans les stations d'épuration et dans certains sites industriels. L'analyse d'échantillons d'eaux ou de boues d'épuration leur permet d'appliquer les traitements adéquats. Ceux-ci sont d'ordre biologique ou physico-chimique (élimination des métaux, filtration sur sable et sur charbon activé...). Ils assurent aussi la régulation des procédés automatisés et la maintenance de premier niveau des équipements.

Formation

Bac pro procédés de la chimie, de l'eau et des cartons, hygiène, propreté, stérilisation; BTS métiers de l'eau; BTSA gestion et maîtrise de l'eau.

TECHNICIEN/NE DE LA QUALITÉ DE L'AIR

★☆

Alerte pollution en ville! Toutes les agglomérations ont mis en place des dispositifs de surveillance des particules que nous respirons. Par délégation de l'État, des associations et des bureaux d'études envoient des techniciens dans des stations de captage pour mesurer la présence de polluants. Particules fines, monoxyde de carbone et dioxine sont ensuite analysés et des solutions préconisées. Les techniciens de la qualité de l'air travaillent sous la houlette d'un ingénieur, chargé d'alerter les autorités si besoin. Les équipes établissent des modèles statistiques des causes de pollution identifiées afin de prévenir d'éventuels pics.

Formation

BTS chimie; DUT mesures physiques; licence pro mesure de la qualité environnementale.

TECHNICIEN/NE EN TRAITEMENT DES DÉCHETS

★☆

Plastique, verre, papier... tous ces déchets sont triés avant d'être recyclés. Des techniciens communaux organisent les collectes sélectives et le traitement des déchets spécifiques stockés en déchetterie. Le cas échéant, ils planifient et contrôlent l'intervention de prestataires privés. Au sein de laboratoires, d'autres techniciens analysent les solvants, huiles de vidange, produits phytosanitaires et autres produits toxiques. Après avoir identifié les caractéristiques de ces résidus, ils les orientent vers la bonne filière de traitement.

Formation

BTS ou DUT des domaines hygiène-environnement, chimie, biologie, plasturgie; licence pro traitement des déchets.

© DR

TECHNICO-COMMERCIAL/E ENVIRONNEMENT

★☆

Les technico-commerciaux en environnement sont les porte-drapeaux de leur entreprise, et donc d'abord de fins négociateurs. Ils proposent des solutions adaptées aux besoins de leurs clients et supervisent la réalisation des prestations. Leurs domaines de prédilection: le traitement des eaux, la collecte des déchets, la dépollution des sols, les énergies renouvelables... Ce qui exige des connaissances techniques dans son secteur d'activité et le sens du contact. Sans oublier la capacité à monter des projets financiers compétitifs.

Formation

DUT ou BTS technico-commercial, idéalement complété par une licence pro de technico-commercial ou une école de commerce.
Master ou diplôme d'ingénieur.

★☆ *Accessible directement après ses études*
★★ *Accessible avec de l'expérience*

ÉTUDES

QUELLES FORMATIONS POUR QUELS MÉTIERS ?

Bacs pro, BTS, BTSA, cursus universitaires, diplômes d'ingénieurs... le secteur environnement recrute différents profils en fonction des missions.

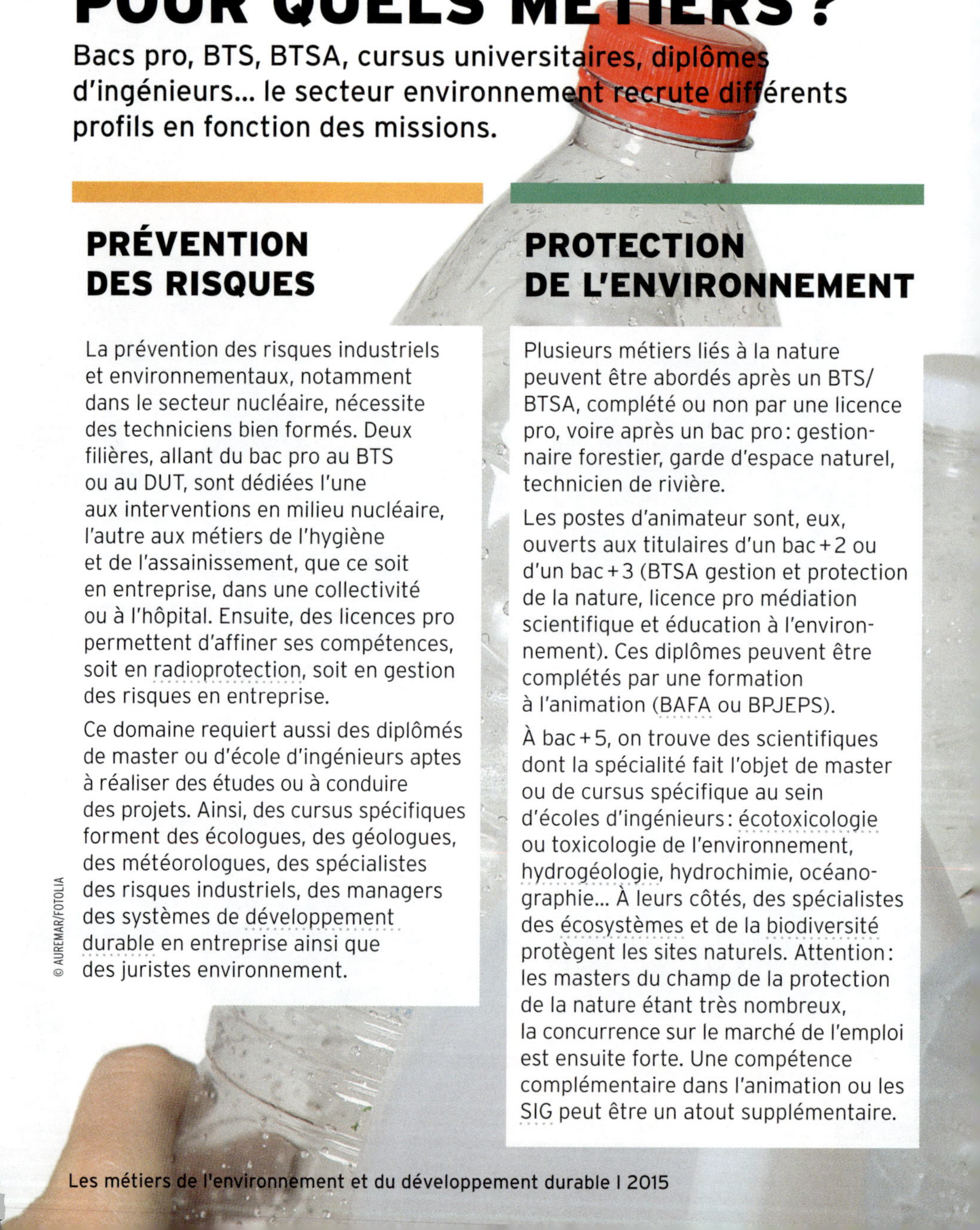

PRÉVENTION DES RISQUES

La prévention des risques industriels et environnementaux, notamment dans le secteur nucléaire, nécessite des techniciens bien formés. Deux filières, allant du bac pro au BTS ou au DUT, sont dédiées l'une aux interventions en milieu nucléaire, l'autre aux métiers de l'hygiène et de l'assainissement, que ce soit en entreprise, dans une collectivité ou à l'hôpital. Ensuite, des licences pro permettent d'affiner ses compétences, soit en radioprotection, soit en gestion des risques en entreprise.

Ce domaine requiert aussi des diplômés de master ou d'école d'ingénieurs aptes à réaliser des études ou à conduire des projets. Ainsi, des cursus spécifiques forment des écologues, des géologues, des météorologues, des spécialistes des risques industriels, des managers des systèmes de développement durable en entreprise ainsi que des juristes environnement.

PROTECTION DE L'ENVIRONNEMENT

Plusieurs métiers liés à la nature peuvent être abordés après un BTS/BTSA, complété ou non par une licence pro, voire après un bac pro : gestionnaire forestier, garde d'espace naturel, technicien de rivière.

Les postes d'animateur sont, eux, ouverts aux titulaires d'un bac + 2 ou d'un bac + 3 (BTSA gestion et protection de la nature, licence pro médiation scientifique et éducation à l'environnement). Ces diplômes peuvent être complétés par une formation à l'animation (BAFA ou BPJEPS).

À bac + 5, on trouve des scientifiques dont la spécialité fait l'objet de master ou de cursus spécifique au sein d'écoles d'ingénieurs : écotoxicologie ou toxicologie de l'environnement, hydrogéologie, hydrochimie, océanographie... À leurs côtés, des spécialistes des écosystèmes et de la biodiversité protègent les sites naturels. Attention : les masters du champ de la protection de la nature étant très nombreux, la concurrence sur le marché de l'emploi est ensuite forte. Une compétence complémentaire dans l'animation ou les SIG peut être un atout supplémentaire.

TRAITEMENT DES POLLUTIONS ET INGÉNIERIE

Métiers phare du secteur, les professions qui se consacrent au traitement des eaux et des déchets ont suivi des formations dédiées, allant du CAP au bac + 5, en passant par des bacs pro, des BTS, des DUT et des licences pro. Par ailleurs, les cursus de niveau bac + 2 ou bac + 3 orientés vers la chimie, le génie biologique ou les mesures physiques peuvent aussi conduire à des emplois au sein d'agences ou de laboratoires chargés de mesurer les pollutions de l'air ou de l'eau.

Au niveau bac + 5, des masters ainsi que des cursus d'ingénieur permettent de se spécialiser en hydraulique, acoustique, traitement des pollutions, gestion des ressources en eau, démantèlement d'installations nucléaires et gestion des déchets radioactifs.

Au service de la gestion environnementale, la géomatique est le domaine des spécialistes des systèmes d'information géographique (SIG). Elle peut être étudiée en licence pro et en master.

QUELS BACS POUR QUELLES FORMATIONS ?

Que l'on vienne de la voie générale, technologique ou professionnelle, des parcours d'études adaptés permettent de réaliser un projet professionnel orienté vers l'environnement.

Avec un bac général

Le bac S permet d'accéder aux différentes filières qui conduisent aux métiers de l'environnement, qu'elles soient scientifiques ou non. Représentant en moyenne 20 % des étudiants de BTS/BTSA, ces bacheliers sont majoritaires au sein du BTS géologie appliquée et des DUT des domaines chimie, génie de l'environnement, hygiène-sécurité-environnement. À l'université, leur bagage scientifique est adapté à la préparation de licences de SVT (ou biologie, géologie), de chimie ou de physique. Ces licences conduisent aux masters dédiés aux sciences et aux technologies environnementales. Côté écoles d'ingénieurs, les cursus en 5 ans accueillent majoritairement des bacheliers S. Ces derniers ont aussi accès à différentes classes préparatoires aux grandes écoles (CPGE), qui visent l'admission dans les écoles en 3 ans, selon leur profil: BCPST, MPSI, PCSI et PTSI *(lire p. 140)*.

Les titulaires des bacs ES et L ont accès à des cursus non scientifiques. À l'université, les filières en droit et en géographie et aménagement offrent des spécialisations dans le domaine environnemental. Par ailleurs, certains bacheliers s'orientent vers le management qualité, sécurité, environnement, soit en préparant le DUT hygiène, sécurité, environnement, soit dans une école privée.

Avec un bac technologique

Après un bac technologique, la priorité est donnée aux DUT et aux BTS. Laissant une large place à la théorie, les études universitaires exigent un effort personnel très important ou 1 an de mise à niveau scientifique. Avec un bon niveau dans l'ensemble des matières, l'admission en classe prépa peut être envisagée.

Le bac STAV ouvre principalement sur les BTSA du secteur. Il permet aussi de se préparer à l'entrée dans les écoles d'ingénieurs en agronomie et dans certaines écoles d'ingénieurs chimistes, au sein des classes préparatoires aux grandes écoles (CPGE) technologie et biologie (TB) proposées dans neuf lycées en 2015-2016.

Après un bac STL, les BTS/BTSA et les DUT les plus adaptés ont pour spécialité la chimie, la biologie, les biotechnologies ou l'eau. Autre possibilité : postuler à l'entrée dans une classe prépa TB (voir ci-dessus) ou dans une prépa technologie, physique et chimie (TPC) après un bac STL spécialité sciences physiques et chimiques en laboratoire. Les élèves de TPC bénéficient de places réservées dans certaines écoles de chimie et de physique.

Les titulaires du bac STI2D sont présents dans plusieurs BTS/BTSA et DUT liés à l'environnement, en particulier ceux qui ont des affinités avec la physique ou l'hydraulique : BTS environnement nucléaire ; BTSA gestion et maîtrise de l'eau... Une quarantaine de classes prépa technologie et sciences industrielles (TSI) les préparent notamment à l'entrée dans les écoles du réseau Polytech.

Avec un bac professionnel

Les titulaires de bac professionnel sont présents dans un grand nombre de BTS/BTSA du secteur. Ceux qui constituent la suite logique d'une spécialité de bac pro les accueillent en plus grand nombre : environnement nucléaire, métiers des services à l'environnement, gestion et protection de la nature, gestion forestière... Pour avoir des chances d'être admis, il faut justifier d'un bon niveau, notamment dans les matières générales comme le français. Certains BTS/BTSA, comme gestion et maîtrise de l'eau, demandent des affinités avec les mathématiques, la physique et la chimie. Un bachelier professionnel très motivé peut réussir dans cette filière.

La filière licence, en revanche, est beaucoup plus difficile après un bac pro. Mieux vaut viser un BTS/BTSA d'un bon niveau, qui offrira des poursuites d'études.

Eau, déchets, hygiène : quatre CAP préparent à des métiers porteurs en 2 ans après la 3e.

5 QUESTIONS AVANT DE SE LANCER

Les recruteurs sont unanimes : sur un CV, ils regardent les diplômes, mais aussi les compétences complémentaires qui les valorisent. Voici les principales pistes à explorer.

Stages
Comment les cibler ?

De nombreux jeunes professionnels, parmi ceux qui témoignent dans cette publication, ont accédé à leur premier emploi *via* un stage. Preuve, s'il en est, de l'importance du choix de stage de fin d'études. Ainsi, celui qui conclut un cursus de master ou d'ingénieur doit cibler le métier visé après le diplôme. *« Selon leur motivation, les étudiants orientent leur stage final vers des missions d'hydrologie, de géophysique, de géotechnique... Ces thématiques ayant été abordées lors des premiers stages, ils sont en mesure de choisir »*, explique un responsable du master géologie de l'aménagement. En début de parcours, diversifier ses stages permet, en effet, d'explorer différents métiers et cultures d'entreprise. Il est ainsi plus facile de cerner ses motivations pour arrêter son choix de spécialisation.

Apprentissage
Quand s'y préparer ?

Du bac pro au master et au diplôme d'ingénieur, il est possible de préparer son diplôme en alternance, sous statut salarié. À mi-temps en entreprise, les apprentis perçoivent un salaire dont le montant varie entre 361 € et 1127 € brut par mois, selon leur âge et l'année de leur contrat. Une fois diplômés, il pourront valoriser cette première expérience auprès des recruteurs. L'alternance entre milieu scolaire et situation professionnelle convient bien à ceux qui recherchent une formation concrète. En contrepartie, elle exige une forte motivation et de la maturité. Il est recommandé de préparer son projet 1 semestre avant la rentrée, en se rendant aux journées portes ouvertes organisées par les centres de formation d'apprentis (CFA). Ces établissements aident très souvent les jeunes à préparer leur dossier (CV, lettre de motivation) et à rechercher une entreprise d'accueil.

© SVETIKD/ISTOCK

Activités associatives
Un tremplin ?

Vous visez les métiers d'animateur nature ou d'écologue au sein d'un site naturel protégé ou d'un bureau d'études ? Sachez que les connaissances naturalistes acquises à l'université ne suffiront pas pour faire de vous un naturaliste accompli. *« Les programmes de licence et de 1re année de master comportent seulement 60 heures dédiées à l'entomologie »*, remarque un responsable de master en gestion de la biodiversité. Participer à des ateliers et à des sorties de découverte au sein d'une association permet d'apprendre à reconnaître des espèces, de participer à la constitution d'une base de données faunistiques, de se familiariser avec les différents acteurs du secteur environnement... Autant d'atouts sur un CV.

Licence pro
Quelle valeur ajoutée ?

Une licence pro en environnement élargit un socle de compétences. Par exemple, après un BTS métiers de l'eau plutôt spécialisé, une licence pro dans le même domaine permet d'acquérir les compléments indispensables à l'exploitation d'une unité : l'électricité, les automatismes, la mécanique. Une licence pro dédiée à l'aménagement paysager après un BTSA gestion et protection de la nature apporte une seconde compétence. Après une L2 en chimie, biologie..., générale et théorique, une spécialisation en pollution des sols ajoute des connaissances professionnelles en techniques de mesure, analyse des sols... De plus, en licence pro, on acquiert un bagage en droit environnemental et en gestion de projet, ainsi qu'une expérience de 6 mois lors du stage.

Français et communication
Au programme ?

De nombreuses formations du domaine de l'environnement ont un socle scientifique. Mais les aptitudes littéraires font aussi partie des critères d'admission dans un cursus. *« On examine les notes de français obtenues en classes de 1re et de terminale »*, soulignent des enseignants de BTSA. Cette discipline figure en bonne place dans les programmes de formation. La raison ? La plupart des professionnels de l'environnement rédigent des rapports et exposent les résultats de leurs études devant un public. *« Il faut savoir restituer des informations de façon claire et pertinente, à l'écrit comme à l'oral. Les étudiants sont entraînés à rédiger des rapports qui font l'objet d'une évaluation »*, explique la responsable d'un master d'océanographie.

LES BACS PRO *à la loupe*

Après la 3e

→ *En 3 ans*

Traitement des pollutions et prévention des risques, hygiène hospitalière ou industrielle... autant de champs professionnels qui font une large place aux bacheliers pro.

DE LA CLASSE AU TERRAIN

Aux côtés des matières générales (français, histoire-géographie, mathématiques, physique-chimie, langue...), l'apprentissage des techniques et des gestes professionnels, en cours ou en atelier, représente près de la moitié de l'emploi du temps. Les élèves sont confrontés à des situations professionnelles : ils réalisent des projets collectifs et effectuent 22 semaines de stage en entreprise, réparties pendant les 3 ans.

POURQUOI PAS L'APPRENTISSAGE ?

Les élèves de plus de 16 ans (dérogation possible) qui souhaitent travailler tout en se formant peuvent préparer le bac pro en apprentissage, sous statut salarié. Les cours généraux et technologiques sont dispensés au sein d'un centre de formation d'apprentis (CFA) ou d'une unité de formation par l'apprentissage (UFA) en lycée professionnel, et la formation professionnelle en entreprise. Cette formule est exigeante mais payante en termes d'insertion.

APRÈS LA 3E

Les classes de 2de professionnelle accueillent majoritairement des élèves issus de la 3e. L'admission est prononcée sur dossier et après avis du conseil de classe. Les collégiens qui envisagent la voie professionnelle peuvent tester leur projet en suivant une classe de 3e prépa pro au sein d'un lycée professionnel. D'autres accès en bac pro existent, notamment après un certificat d'aptitude professionnelle (CAP). Les élèves de 2de générale et technologique et de 1re générale, STL ou STI2D peuvent demander une réorientation vers un cursus pro (sur dossier et en fonction des capacités d'accueil).

S'INSÉRER OU POURSUIVRE

Le bac pro permet l'accès direct à l'emploi. Une poursuite d'études en BTS est possible à condition d'avoir un bon niveau. Avec un bac pro mention « bien » ou « très bien », les élèves sont admis de droit dans un BTS du même domaine.

Repère

La **scolarité** est gratuite dans les lycées publics et pour les apprentis. Dans les lycées privés, une contribution financière est demandée (entre 400 € et 1700 € pour les externes).

À savoir

Deux lycées (à Nîmes et à Montceau-les-Mines) accueillent des bacheliers pro dans une **classe préparatoire TSI** (en 3 ans) qui prépare aux concours des écoles d'ingénieurs.

Bac pro gestion des milieux naturels et de la faune (GMNF)

OÙ?

Dans 69 établissements, dont 3 avec apprentissage.

AU PROGRAMME

Le bac pro GMNF forme à la surveillance et au suivi de l'évolution des populations animales et des milieux naturels. Les élèves y acquièrent les compétences en génie écologique et en organisation de chantier qui sont utilisées pour assurer la sauvegarde des espaces naturels (aménagement, entretien).

En plus des enseignements généraux, la formation porte sur la reconstitution des écosystèmes (choix des techniques d'intervention de génie écologique, utilisation de matériels et outils adaptés).

Les élèves étudient également la protection et la valorisation des espaces et de la biodiversité (identification et recensement des populations animales, gestion de leurs habitats). L'accueil du public et l'animation nature sont aussi abordés.

ET APRÈS?

Accès aux métiers de garde (pêche, chasse), agent ou technicien d'entretien des espaces naturels, guide nature...

Possibilité de poursuite d'études en BTSA gestion et protection de la nature (GPN), gestion et maîtrise de l'eau (GEMEAU), gestion forestière, etc.

Quelles poursuites d'études après un bac pro GMNF?

Agnès Lauvernet,

coordinatrice de la filière bac pro, au lycée du paysage et de l'environnement Fénelon à Vaujours (93)

« Les élèves font leur stage dans des entreprises du secteur de l'aménagement, dans des mairies, au sein de parcs départementaux, de fédérations de chasseurs, de fermes pédagogiques, d'associations... Ils y effectuent divers travaux d'aménagement des milieux (restauration, entretien, etc.), des inventaires d'espèces, des animations nature... Cela leur permet de découvrir le monde professionnel mais aussi de nouveaux milieux naturels. Ils s'initient au fonctionnement des réseaux d'acteurs associés à différents projets. Enfin, ils apprennent à s'intégrer dans une équipe de professionnels. Ce bac pro apporte un plus indéniable pour une poursuite d'études en BTSA GPN ou GEMEAU. Les élèves acquièrent en effet des notions théoriques et techniques directement liées à ces formations. »

Bac pro gestion des pollutions et protection de l'environnement (GPPE)

OÙ ?

Dans 10 établissements, dont 3 avec apprentissage.

AU PROGRAMME

Cette formation, centrée sur la propreté des sites (publics ou privés, industriels ou immobiliers) et sur la gestion des déchets, prépare à la conduite de chantiers dans ces domaines.

Une partie des enseignements concerne la protection de l'environnement : l'écologie, la microbiologie appliquée, l'impact des pollutions et des catastrophes sur les écosystèmes, et la gestion des déchets.

Le volet technique aborde l'assainissement, le nettoiement industriel, l'hygiène des locaux et la dépollution de sites (normes environnementales, contraintes de sécurité). Une autre partie importante concerne la collecte des déchets dangereux, issus des activités industrielles, ainsi que le tri et le conditionnement des déchets recyclables.

ET APRÈS ?

Insertion professionnelle en entreprise ou dans une collectivité territoriale en tant qu'opérateur de production, conducteur de process, conducteur d'engins, chef d'équipe ou encore responsable d'exploitation.

Possibilité de poursuite d'études en BTS métiers des services à l'environnement ou métiers de l'eau.

→ *Autres diplômes*

Bac sciences et technologies de l'agronomie et du vivant (STAV)

Enseignement scientifique et technologique spécifique à l'enseignement agricole avec trois axes : agriculture, territoires et société ; alimentation ; gestion du vivant, des ressources durables et non durables. Chaque lycée est libre de proposer un approfondissement dans une thématique, notamment aménagement et valorisation des espaces. Les matières scientifiques occupent une place importante (maths, biologie, agronomie, physique, chimie...). Poursuite d'études en BTS/BTSA, DUT, classe prépa TB.

Bac sciences et technologies de l'industrie et du développement durable (STI2D)

Cette formation concilie innovation technologique et protection de l'environnement. Elle propose quatre spécialités : architecture et construction ; innovation technologique et écoconception ; système d'information et numérique ; énergies et environnement (efficacité énergétique, énergies renouvelables). Poursuite d'études en BTS/BTSA, DUT, classe prépa TSI.

Bac sciences et technologies de laboratoire (STL)

Tourné vers les activités de laboratoire, ce bac offre deux spécialités : biotechnologies, et sciences physiques et chimiques en laboratoire. La chimie, la biochimie, les sciences du vivant, l'instrumentation, les techniques d'observation, de mesure et d'analyse constituent le noyau dur spécifique de ce bac. Poursuite d'études en BTS/ BTSA, DUT, classe prépa TB ou TPC.

Bac pro hygiène, propreté, stérilisation (HPS)

OÙ ?

Dans 70 établissements, dont 9 avec apprentissage et 1 établissement médico-social à Arras (62).

AU PROGRAMME

Une grande partie de la formation est consacrée aux techniques de stérilisation des dispositifs médicaux utilisés en milieu hospitalier lors des interventions chirurgicales ou en unité de soins. L'autre partie concerne l'hygiène des locaux en zone ultrapropre (bloc opératoire, laboratoire pharmaceutique, agroalimentaire...) et les techniques de propreté (entretien courant, remise en état).

En dehors des matières générales (mathématiques, sciences physiques et chimiques, microbiologie, biologie appliquée...), les élèves apprennent à identifier les risques, planifier des opérations de nettoyage et de décontamination, réaliser des contrôles.

La formation aborde également la gestion d'équipe, un aspect fondamental dans le secteur du nettoyage.

ET APRÈS ?

Accès aux métiers d'agent de stérilisation, chef d'équipe ou chef de site dans des entreprises du secteur.

Possibilité de poursuite d'études en BTS métiers des services à l'environnement (MSE), ou vers une formation de préparateur en pharmacie hospitalière.

Quels débouchés après un bac pro HPS ?

Guilaine Gicquel de Menou,
professeure au lycée Nadia-et-Fernand-Léger à Argenteuil (95)

« Cette formation permet d'exercer en milieu hospitalier (service de stérilisation, équipe d'hygiène). Elle concerne également toutes les entreprises de propreté et de nettoyage industriel avec, notamment, le travail en salles blanches lorsque l'environnement doit être maîtrisé : unité de production de puces électroniques, unité de fabrication de médicaments injectables, cosmétiques... Beaucoup de nos élèves font leur stage en milieu hospitalier, également en hôtellerie, dans les secteurs tertiaire et industriel, voire dans les transports ferroviaires ou aériens. La palette est très vaste. Actuellement, les personnes qui travaillent en stérilisation sont généralement des aides-soignants, ou encore des personnes formées dans le cadre d'une reconversion. Il y a une réelle opportunité pour les jeunes dans ce secteur professionnel qui recrute. »

Bac pro techniques d'interventions sur installations nucléaires

OÙ ?

Dans 12 établissements, dont 6 avec apprentissage. Conditions d'aptitude physique spécifiques et casier judiciaire vierge requis.

AU PROGRAMME

Cette formation permet d'intervenir lors des opérations de logistique nucléaire. Elle comprend notamment des enseignements scientifiques : physique, chimie, physique nucléaire, mathématiques. Elle apporte des compétences pour effectuer des travaux de montage et de maintenance mécanique (assemblage, soudage, tuyauterie, chaudronnerie...) et électrique.

La partie pratique porte également sur la décontamination de lieux, les opérations de démantèlement des installations ainsi que la gestion des déchets nucléaires. La prévention des risques, le contrôle qualité et le management sont aussi au programme.

Au cours de leur formation, les élèves passent le brevet d'études professionnelles (BEP) maintenance des produits et équipements industriels.

ET APRÈS ?

Accès aux métiers d'agent de logistique nucléaire, agent technique ou agent de démantèlement, chez les acteurs du nucléaire (EDF, CEA...).

Possibilité de poursuite d'études en BTS environnement nucléaire, ou contrôle des rayonnements ionisants et applications techniques de protection.

→ D'autres bacs pro

Bac pro aménagements paysagers

Ce bac pro apporte des connaissances sur les végétaux (caractéristiques, résistance, croissance...), leur entretien, la maçonnerie paysagère et le dessin (plans). Également au programme, la gestion de chantier (devis, relations avec les clients). Les débouchés se trouvent dans les entreprises du paysage, de travaux forestiers ou de production horticole, ou encore dans les collectivités territoriales.

Bac pro forêt

Formant à la sylviculture et à l'exploitation du bois, ce bac apprend à reconnaître les essences forestières, à réaliser des travaux d'entretien (abattage, élagage, semis et plantations), à évacuer le bois abattu et à conduire des engins forestiers. Les diplômés travaillent dans une exploitation forestière, une scierie, à l'Office national des forêts (ONF, sur concours), ou s'installent à leur compte.

Bac pro procédés de la chimie, de l'eau et des papiers-cartons

Traiter les eaux usées, fabriquer des produits pharmaceutiques ou cosmétiques... ce bac pro forme des techniciens aptes à conduire et à surveiller des installations (réglages, diagnostic de panne), ainsi qu'à suivre des procédures de contrôle qualité (prélèvements, tests physico-chimiques). Débouchés dans l'industrie chimique ou parachimique, les stations d'épuration...

LES BTS/BTSA à la loupe

Une dizaine de BTS/BTSA ciblent différentes thématiques de l'environnement, comme l'eau, la protection de la nature, l'assainissement. D'autres, plus transversaux, s'intéressent aux méthodes d'analyse et de contrôle.

Après le bac
→ En 2 ans

PLANÈTE MÉTIERS

Objectif des brevets de technicien supérieur (BTS) et des BTS agricoles (BTSA) : rendre les diplômés immédiatement opérationnels. Les enseignements pro occupent la moitié de l'emploi du temps en 1re année, les deux tiers en 2de année. S'y ajoutent jusqu'à 16 semaines de stage en entreprise. Le reste est dédié aux matières générales (français, langues, mathématiques, économie...). Certains établissements proposent la formation en apprentissage.

AMBIANCE LYCÉE

Les étudiants retrouvent en section de techniciens supérieurs (STS) un cadre familier : le lycée le plus souvent, avec des classes de 30 élèves, et une trentaine d'heures de cours par semaine. Cours et travaux en groupes, devoirs et projets à rendre : le rythme de travail est soutenu. Les frais de scolarité, gratuits dans le public, sont fixés par chaque établissement privé.

ADMISSION SUR DOSSIER

Les candidatures se font sur le portail APB. La sélection prend en compte les bulletins de 1re et de terminale et, parfois, des tests de niveau. Une lettre de motivation peut être jointe au dossier scolaire. Un quota de places, fixé par chaque académie, est réservé aux bacheliers professionnels. De plus, les titulaires d'un bac pro ou technologique obtenu avec une mention « bien » ou « très bien » sont admis de droit dans une spécialité cohérente avec leur bac.

EXAMEN FINAL

Pour obtenir son BTS/BTSA, il faut réussir un examen national en fin de 2de année, intégrant une part de contrôle continu. Les matières générales y pèsent parfois aussi lourd que les disciplines pro. Le BTS/BTSA vaut 120 crédits ECTS reconnus sur le plan européen.

S'INSÉRER OU POURSUIVRE

Avec des entreprises demandeuses de diplômés à bac + 2, l'insertion est facile. Un peu moins de la moitié des diplômés de BTS/BTSA poursuivent toutefois leurs études. Ils s'orientent en licence pro ou en certificat de spécialisation (CS), ou encore, pour les meilleurs, en école d'ingénieurs, en école spécialisée, en licence.

Repère

La **durée de la formation** peut être réduite pour les élèves qui viennent d'un premier cycle de l'enseignement supérieur (autre BTS, licence) ou d'une classe prépa.

À savoir

Des classes prépa **adaptation technicien supérieur (ATS)**, en 1 an après un BTS/BTSA ou un DUT, préparent des élèves très motivés à l'admission dans certaines écoles d'ingénieurs.

BTS chimiste

POUR QUI ?

Principalement des titulaires du bac STL (43 %) ou S (28 %) et de bac pro (5 %), quelques bacheliers STI2D.

OÙ ?

Dans 30 établissements, dont 6 avec apprentissage. Ce BTS devrait être rénové et devenir BTS métiers de la chimie à partir de la rentrée 2016.

AU PROGRAMME

Les étudiants apprennent à élaborer et à analyser des produits chimiques en réalisant diverses expériences. Les enseignements sont centrés sur la chimie (l'analyse, la synthèse et la formulation) et la physique. Ils portent aussi sur les règles d'hygiène-qualité-sécurité-environnement et sur la communication scientifique.

S'ajoutent au programme : les cours de mathématiques, pour réaliser des statistiques et des traitements de données, de l'anglais (un enseignement scientifique en anglais) et de la culture générale. Un projet scientifique est à réaliser.

ET APRÈS ?

Accès au métier de technicien production, en recherche et développement (R & D), contrôle qualité ou qualité-sécurité-environnement et prévention des risques. Ces diplômés peuvent aussi occuper des fonctions technico-commerciales ou de conseil.

Poursuite d'études en licence pro ou en école d'ingénieurs.

BTS contrôle des rayonnements ionisants et applications techniques de protection (CRIATP)

POUR QUI ?

Au CFA de Thionville : principalement des titulaires du bac S, mais aussi de bac pro industriel. À l'Institut national des sciences et techniques nucléaires (INSTN) : des titulaires de DUT (mesures physiques, chimie, hygiène-sécurité-environnement) et de BTS (chimiste, environnement nucléaire, techniques physiques pour l'industrie et le laboratoire, etc.). 75 candidatures pour 25 places à l'INSTN ; 12 places à Thionville.

OÙ ?

Au CFA de Thionville (57) et à l'INSTN de Saint-Paul-lès-Durance (13), sous contrat d'apprentissage.

AU PROGRAMME

Cette formation, en alternance, dure 2 ans au CFA de Thionville et 1 an à l'INSTN. Les cours portent sur les connaissances propres au milieu nucléaire, les techniques de contrôle des rayonnements ionisants (utilisés dans l'industrie ou dans le domaine médical), les mesures de radioprotection et les méthodes de protection. Travaux pratiques en laboratoire et sur le terrain : habillage et déshabillage, détection de contamination et d'irradiation, utilisation des appareils, montage de sas de sécurité...

ET APRÈS ?

Accès au métier de technicien en radioprotection, principalement dans une PME, puis dans un grand établissement de l'industrie nucléaire (Andra, CEA, EDF...).

Poursuite d'études en licence pro (techniques nucléaires et radioprotection ; gestion des risques environnementaux ; métiers du démantèlement, des déchets...).

BTS environnement nucléaire (EN)

POUR QUI ?

Les titulaires du bac pro environnement nucléaire, maintenance des équipements industriels ou électrotechnique (40 %), du bac STI2D (38 %) et du bac S (21 %).
Casier judiciaire vierge et visite médicale obligatoire.

OÙ ?

Dans 10 établissements, dont 6 avec apprentissage.

AU PROGRAMME

Ce BTS forme à la maintenance, à la rénovation, au démantèlement d'une installation nucléaire et au traitement des déchets radioactifs. Les enseignements s'articulent autour des stratégies logistiques, des techniques de contrôle et de maintenance (machines en panne, vérification de la robinetterie, mise en place d'un chantier...). Les cours sont mis en pratique par des travaux pratiques et en atelier : montage et démontage d'un sas de sécurité ; tri des déchets nucléaires ; travail en salle de commande vidéo... Parmi les matières générales : management d'équipe, sciences physiques et chimiques appliquées, maths.

ET APRÈS

Accès au métier de responsable d'équipe dans une centrale nucléaire (de la mise en service jusqu'au démantèlement) ou chez des sous-traitants.

Poursuite d'études en licence pro, essentiellement en maintenance nucléaire, ou en école d'ingénieurs.

BTS géologie appliquée

POUR QUI ?

Les titulaires du bac S (notamment les profils sciences de la vie et de la Terre, et sciences de l'ingénieur) représentent les trois quarts d'une promotion.

OÙ ?

Dans 2 établissements avec possibilité d'apprentissage.

AU PROGRAMME

La formation aborde les ressources du sous-sol (eau, charbon, pétrole, minerais) et les études techniques préalables à la réalisation d'ouvrages (routes, tunnels, ponts...). En plus des mathématiques, de la physique et de la chimie, plus de la moitié de la formation porte sur la géologie : constituants et architecture de l'écorce terrestre, géophysique, hydrologie, géotechnique (mécanique des sols et des roches, calculs d'ouvrages).

Des activités réalisées à l'extérieur concrétisent les cours de géotechnique (forage, sondage, dimensionnement des murs), d'hydrogéologie et environnement (solutions d'approvisionnement en eau potable et de dépollution des sols), de caractérisation des matières minérales (or, uranium, granulats) et énergétiques (pétrole et charbon).

ET APRÈS ?

Accès aux métiers de géotechnicien, dans des entreprises de travaux publics et de technicien pétrolier (de nombreux postes à l'étranger).

Poursuite d'études en licence pro (géologie de l'aménagement, géomatique pour l'aménagement du territoire...) ou en école d'ingénieurs (spécialité géotechnique).

BTS métiers de l'eau (ME)

POUR QUI ?

Principalement des titulaires du bac STL (32 %) ou S (25 %), et de bac pro (9 %).

OÙ ?

Dans 24 établissements, dont 11 avec apprentissage ; formation en cours de rénovation (pour la rentrée 2017).

AU PROGRAMME

Ce BTS forme aux procédés de production d'eau potable et d'épuration des eaux usées, dans les cadres domestique et industriel. Trois domaines sont étudiés : génie des procédés (systèmes et matériel pour traiter l'eau : filtres à charbon, à sable...) ; biologie, microbiologie et microchimie (bactéries, virus, composés minéraux...) ; automatismes et régulation des appareils utilisés, électrotechnique et hydraulique (mécanique des fluides). 50 % de travaux pratiques : mise en service des systèmes de traitement de l'eau, manipulations et tests en laboratoire... Exemple de projet de 2de année : un système à consommation d'énergie réduite, en station d'épuration.

ET APRÈS ?

Accès aux métiers de technicien d'exploitation de l'eau, essentiellement en station d'épuration, dans une société distributrice ou utilisatrice d'eau, ou dans une collectivité territoriale ; technicien concepteur d'aménagement dans un bureau d'études ; conseiller technique pour fournisseurs de matériel en agences spécialisées.

Poursuite d'études en licence pro (gestion des systèmes de traitement de l'eau, milieux naturels...) ou en école d'ingénieurs.

BTS ME et BTSA GEMEAU : quelles différences ?

Le BTS métiers de l'eau (ME) est centré sur les processus chimiques de traitement des eaux usées et sur les différents procédés d'obtention de l'eau potable. Le BTSA gestion et maîtrise de l'eau (GEMEAU) s'intéresse, lui, aux systèmes de distribution de l'eau potable. Il forme à l'ingénierie des réseaux d'eau, d'assainissement et d'irrigation, ainsi qu'à l'analyse qualité et au traitement de l'eau. Côté débouchés, le titulaire du BTS ME travaille principalement sur le terrain (dans l'installation d'appareils, l'ouverture de vannes, l'optimisation de la centrale...), notamment en station d'épuration, alors que le titulaire du BTSA GEMEAU exerce le plus souvent en bureau d'études (en conception, dimensionnement des canalisations, tracé...). Ces deux profils de BTS/BTSA peuvent cependant postuler aux mêmes postes.

BTS métiers des services à l'environnement

POUR QUI ?

Pour un tiers, des titulaires du bac pro hygiène, propreté stérilisation ou gestion des pollutions et protection de l'environnement, auxquels s'ajoutent des titulaires du bac STI2D, S...

OÙ ?

Dans 26 établissements, dont 14 avec apprentissage.

AU PROGRAMME

Les étudiants sont formés aux techniques de collecte, tri et valorisation des déchets, aux pratiques de bionettoyage (désinfection), au contrôle d'hygiène des bâtiments et aux procédés de traitement des eaux. Ils étudient la mécanique des fluides (liée aux réseaux d'assainissement), les micro-organismes (bactéries, champignons, virus, etc.), les polluants, les toxiques et leur impact sur les écosystèmes (en cours d'écologie appliquée), la composition et les réactions chimiques des produits du quotidien (savons, détergents, matières plastiques), ainsi que la désinfection. Ils sont formés à mettre en place et à gérer un service de nettoyage, en s'initiant par la pratique.

ET APRÈS ?

Accès aux métiers de chargé d'études hygiène-sécurité-environnement, technicien de collecte des déchets ou de traitement des eaux en collectivité locale, technicien environnement des industries, chef d'équipe en entreprise de nettoyage...

Poursuite d'études en licence pro (gestion des risques environnementaux, protection de l'environnement...) ou en école d'ingénieurs environnement.

BTSA gestion et maîtrise de l'eau (GEMEAU)

POUR QUI ?

Principalement des titulaires du bac STAV (27 %), STI2D (13 %) ou S (13 %), et de bac pro des domaines chimie, hygiène, travaux publics et maintenance d'équipements industriels (11 %).

OÙ ?

Dans 39 établissements, dont 13 avec apprentissage.

AU PROGRAMME

Cette formation porte sur la production et la distribution d'eau potable, la collecte et le traitement des eaux usées, ainsi que la gestion des eaux pluviales et des cours d'eau. L'enseignement est centré sur les systèmes hydrauliques, la mécanique des fluides et la conduite d'opérations techniques.

Exemples de projets à réaliser : conception d'un système de distribution d'eau potable, d'irrigation d'une parcelle agricole (et installation des pompes) ou de réhabilitation d'une rivière. Les étudiants apprennent aussi à sensibiliser le public à la protection de l'eau.

ET APRÈS ?

Accès aux métiers de technicien d'études en hydraulique urbaine, technicien d'exploitation de l'eau, conseiller en gestion de l'eau, technico-commercial en matériel d'irrigation, chargé de relevés hydrologiques...

Poursuite d'études en licence pro (animateur technique de bassin versant, milieux aquatiques et eaux pluviales, génie et maintenance des systèmes de pompage, déchets...) ou en école d'ingénieurs.

BTSA gestion et protection de la nature (GPN)

POUR QUI ?

Principalement des titulaires du bac STAV option aménagement et valorisation des espaces (28 %), de bac pro, notamment gestion des milieux naturels et de la faune (26 %), ainsi que des titulaires du bac S (19 %) ou STI2D (5 %). Quelques ES et STMG.

OÙ ?

Dans 52 établissements, dont 8 avec apprentissage.

AU PROGRAMME

La formation est axée sur l'aménagement et la gestion d'espaces naturels, en vue de les protéger, et sur l'éducation à l'environnement. Les étudiants apprennent à réaliser un inventaire de la faune et de la flore, à analyser les écosystèmes, puis à élaborer et mettre en place un chantier de génie écologique (une coupe d'arbres pour désenclaver un site, par exemple). Ils abordent aussi les méthodes de concertation avec les élus et d'autres partenaires d'un projet. Différents projets sont réalisés durant les 2 ans : chantier nature ; analyse et mise en valeur d'un espace ; animation auprès d'un public, comme une classe d'école primaire...

ET APRÈS ?

Accès aux métiers d'animateur nature, garde d'espace naturel (auprès d'associations ou de conseils départementaux), technicien de rivière...

Poursuite d'études en certificat de spécialisation (technicien cynégétique, taille et soins des arbres), en licence pro (gestion et protection des milieux naturels, gestion écologique des espaces urbains, médiation scientifique, etc.) ou en école supérieure du paysage.

Quelle poursuite d'études après un BTSA GPN ?

L'avis de Sylvain Dubreux,

enseignant et coordonnateur du BTSA GPN, au lycée agro-environnemental d'Arras

« La plupart de nos diplômés continuent leurs études, le plus souvent en licence professionnelle, afin d'étoffer leurs connaissances ou d'acquérir une double compétence, par exemple en paysage. Néanmoins, le choix d'une poursuite dépend du projet personnel. Un diplômé de BTSA qui accède à l'emploi passe environ 80 % de son temps de travail sur le terrain et consacre le reste aux tâches administratives. À l'inverse, une licence pro conduit à plus de responsabilités administratives. C'est pourquoi les diplômés ne souhaitent pas forcément continuer en licence pro, même avec un très bon dossier. Je conseille plutôt à ceux qui visent un métier de terrain de préparer un certificat de spécialisation (CS). Cette formation en 1 an permet de se spécialiser, en élagage ou en bûcheronnage par exemple. »

BTSA gestion forestière

POUR QUI ?

Principalement les titulaires du bac STAV (32 %), de bac pro, notamment forêt, gestion des milieux naturels et de la faune (23 %), et du bac S (18 %). Quelques titulaires du bac STI2D, ES ou STMG.

OÙ ?

Dans 22 établissements, dont 11 avec apprentissage.

AU PROGRAMME

Trois domaines : l'étude des écosystèmes forestiers (connaissance des essences) ; l'exploitation et la commercialisation des bois ; les outils et les méthodes (relevés topographiques, lecture de plans). Les étudiants apprennent à établir un diagnostic d'espaces boisés (inventaire et évaluation du peuplement forestier), à planifier des travaux sylvicoles (coupe, élagage, reboisement...) et à gérer des chantiers (marquage des arbres à couper, estimation du volume et du prix de vente du bois commercialisé, logistique et suivi du chantier...), avec des travaux sur le terrain et des projets à réaliser (plans de gestion, projets de reboisement).

ET APRÈS ?

Accès aux métiers de gestionnaire forestier, chargé d'études ou d'animation...

Poursuite d'études en BTSA technico-commercial bois en 1 an, en certificat de spécialisation, en licence pro (gestion durable des espaces forestiers et développement local, aménagement arboré et forestier...) ou en école d'ingénieurs (Bordeaux Sciences Agro, Enstib).

→ D'autres BTS et BTSA

BTS bio-analyses et contrôles

Formation de techniciens d'analyse ou de qualité, notamment pour les laboratoires de contrôle des eaux. Au menu : la biologie cellulaire et moléculaire, la biochimie et la microbiologie. Les TP en labo représentent la moitié du volume horaire (prélèvement, mise en culture de micro-organismes...). Ce BTS accueille principalement des titulaires du bac STL ou S.

BTSA Anabiotec

Le BTSA analyses agricoles, biologiques et biotechnologiques (Anabiotec) prépare aux fonctions de technicien de laboratoire : apprentissage des techniques et des procédés (biologiques, biochimiques et physico-chimiques) d'analyse de l'eau, du sol, de l'air... Les enseignements portent aussi sur les règles d'hygiène et de sécurité, la démarche qualité, jusqu'à la mise en place de contrôles. Les titulaires du bac S ou STI2D, et de bac pro, sont majoritaires.

BTSA aménagements paysagers

Par le biais d'enseignements (écologie, biologie, connaissance des végétaux) et de travaux pratiques, les élèves s'initient à la création d'aménagements paysagers, à l'entretien des espaces verts et à la gestion de chantier. Ce BTSA mène à des emplois de technicien paysagiste, de chef d'équipe au sein d'entreprises du paysage ou de collectivités territoriales. Les titulaires de bac pro sont majoritaires, suivis des titulaires du bac STAV ou S.

LES DUT *à la loupe*

Après le bac
→ en 2 ans

Le DUT hygiène, sécurité, environnement et d'autres DUT, en chimie et en biologie, offrent des débouchés variés dans l'environnement, en permettant une poursuite d'études.

LA THÉORIE ET LA PRATIQUE

Plus polyvalent que le BTS, le DUT accorde autant de place à la théorie qu'à l'enseignement professionnel. Des projets à réaliser et 10 semaines au minimum de stage initient les étudiants au monde de l'entreprise. En 2de année, des enseignements préparent à la poursuite d'études ou à l'insertion. Certains instituts universitaires de technologie (IUT) proposent la formation en apprentissage.

UN TRAVAIL ENCADRÉ

L'IUT offre les avantages de l'université (proximité avec la recherche, droits d'inscription de 184 € en 2015...), tout en assurant un suivi pédagogique plus étroit. Les cours magistraux en amphi représentent moins du quart des quelque 30 heures de cours hebdomadaires. Le reste du temps est consacré à des travaux réalisés en petits groupes (travaux dirigés et pratiques, projets encadrés). Prévoir aussi beaucoup de travail personnel.

ACCÈS SÉLECTIF

Les candidatures se font sur le portail APB. Sont examinés le profil de bac, les résultats obtenus depuis la classe de 1re, les appréciations des enseignants, la lettre de motivation. Certains IUT organisent des entretiens ou des tests. Les titulaires d'un bac technologique obtenu avec une mention « bien » ou « très bien » sont admis de droit dans un DUT compatible avec la spécialité de leur bac.

CONTRÔLE CONTINU

L'évaluation des connaissances se fait *via* les interrogations, les exposés, les projets et le mémoire professionnel qui jalonnent la formation. Pour obtenir le DUT, il faut valider ses 4 semestres, chacun valant 30 crédits européens (ECTS).

NOMBREUSES POURSUITES D'ÉTUDES

Malgré des débouchés assurés, de nombreux diplômés poursuivent leurs études, le plus souvent en licence professionnelle. Avec un bon dossier, ceux qui ont suivi une formation orientée vers la chimie ou le génie biologique peuvent viser l'admission en 3e année de licence. Les écoles d'ingénieurs (avec une spécialisation en environnement, chimie, risques industriels...) offrent aussi des places.

Repère

Un petit nombre d'IUT proposent la formation en 1 an appelée **« année spéciale »** (AS) pour les candidats ayant suivi 2 années d'enseignement supérieur.

À savoir

Après le DUT, 1 année complémentaire dans une université étrangère permet d'obtenir un diplôme universitaire d'études technologiques internationales (**DUETI**).

DUT chimie

POUR QUI ?

Majoritairement des titulaires du bac S (85 %) ou du bac STL (13 %).

OÙ ?

Dans 18 établissements, dont 5 avec apprentissage pour l'option chimie analytique et de synthèse ; dans 4 établissements, dont 1 avec apprentissage pour l'option chimie.

AU PROGRAMME

Le programme de la 1re année est commun à toutes les options. La moitié du volume horaire est consacrée aux cours de chimie et de technologie. L'autre moitié offre une formation générale et scientifique composée notamment de mathématiques, de physique, d'informatique, de sécurité-environnement, d'anglais et de techniques d'expression.

En 2de année, les étudiants se spécialisent et partent en stage pendant 10 semaines. L'option chimie industrielle est centrée sur la gestion et la conduite des processus automatisés, le génie des procédés, la technologie chimique, les mesures, la régulation et les automatismes, alors que l'option chimie analytique et de synthèse approfondit la chimie proprement dite (organique, minérale, physique, analytique).

ET APRÈS ?

Accès à des postes en qualité de l'eau et traitement des déchets.

Poursuite d'études en licence pro ou générale dans les domaines de la chimie, l'environnement, ou en école d'ingénieurs.

DUT génie chimique, génie des procédés

POUR QUI ?

Principalement des titulaires du bac S (environ 80 %), mais aussi des titulaires du bac STL (10 %) et de bac pro (2 %).

OÙ ?

Dans 8 établissements pour l'option bioprocédés, 6 pour l'option procédés.

AU PROGRAMME

Les étudiants sont formés aux procédés de transformation de la matière (physique et chimique). Les travaux pratiques représentent 30 à 40 % du temps. En 1re année, le tronc commun porte sur les bases en génie des procédés (mécanique des fluides, matériaux...), les systèmes énergétiques et d'environnement, les outils scientifiques et de communication (anglais, informatique). S'y ajoutent des enseignements généraux comprenant la physique, la chimie et les mathématiques.

La 2de année est plus dédiée à l'option et au stage (10 semaines au minimum). Mettant l'accent sur la microbiologie et la biochimie, l'option bioprocédés prépare aux activités de traitement biologique de l'eau et des déchets.

ET APRÈS ?

Accès à des postes dans le traitement de l'eau et des déchets, la surveillance de la qualité de l'eau.

Poursuite d'études en licence pro dans les domaines de la chimie et des process industriels, ou en école d'ingénieurs.

Le DUT mesures physiques offre aussi des débouchés dans l'environnement.

DUT génie biologique option génie de l'environnement

POUR QUI ?

Principalement des titulaires du bac S (86 %), STL (7 %) ou STAV (6 %).

OÙ ?

Dans 15 établissements, dont 2 avec apprentissage.

AU PROGRAMME

L'enseignement porte sur la connaissance des milieux naturels fragiles, sur le diagnostic des nuisances et sur l'étude de leurs effets sur la biosphère (sols, eaux, air). Cette formation propose un socle solide en sciences et en techniques. Une large place est accordée à la chimie (générale, organique, microchimie et biochimie) et à la biologie (microbiologie, immunologie et physiologie), sans oublier l'informatique et la physique.

En 2de année, l'option permet d'approfondir les diverses pollutions et leur traitement avec des enseignements liés au bruit, à la gestion des déchets, au traitement des eaux, à l'écologie et à la surveillance des milieux naturels… Enfin, une partie du cursus est dédiée à l'étude de la réglementation, de la communication en entreprise, de l'anglais et des outils statistiques. Un stage de 10 semaines est obligatoire. Certains IUT proposent des spécialisations par type de pollution (air, mer, terre…).

ET APRÈS ?

Accès à des postes spécialisés en gestion des bassins versants, des déchets.

Poursuite d'études en licence pro, en L3 biologie ou en école d'ingénieurs.

Quels débouchés après l'option génie de l'environnement ?

L'avis de Claude Le Menn,

directeur des études de l'option génie de l'environnement à l'IUT de Brest

« À Brest, en raison de la situation géographique, les enseignements de 2de année sont orientés, un peu plus qu'ailleurs, sur l'eau (rivière et océan). Les diplômés qui accèdent à un emploi (10 à 15 %) s'insèrent, par exemple, comme techniciens de laboratoire, techniciens de l'exploitation de l'eau ou des déchets. C'est un domaine porteur qui devrait créer des postes dans l'industrie afin de répondre aux contraintes réglementaires. Environ 30 à 40 % des diplômés s'orientent vers une licence pro (essentiellement dans le domaine de l'eau) ou une licence de biologie ou de chimie. Certains poursuivent ensuite dans un master dispensé à l'Institut européen de la mer (université de Bretagne occidentale à Brest). Enfin, 15 à 20 % entrent en école d'ingénieurs. »

Aussi : six DEUST, équivalents au DUT mais plus pointus. Adresses p. 127.

DUT hygiène, sécurité, environnement (HSE)

POUR QUI ?

Principalement des titulaires du bacs S (75 %), STI2D (7 %), STL (6 %), plus rarement ST2S (3 %) ou ES (3 %), et bac pro (3 %).

OÙ ?

Dans 17 établissements, dont 9 avec apprentissage.

AU PROGRAMME

La 1re année est consacrée à la gestion des risques au sein des entreprises industrielles : aspects juridiques et communication ; biologie humaine ; sécurité des produits et des installations ; technologie des machines et de la construction ; radioactivité.

La 2de année approfondit la protection des biens et des personnes dans leur environnement (sécurité des systèmes, ergonomie, évaluation et maîtrise des risques), la prévention (risque biologique, radiologique, chimique, incendie, droit de l'environnement) et, plus spécifiquement, la gestion des risques technologiques et environnementaux.

ET APRÈS ?

Accès à des postes dans les domaines des risques industriels, de l'hygiène-sécurité-environnement, du traitement des déchets.

Poursuite d'études en licence pro ou en écoles d'ingénieurs.

Quels profils en DUT HSE ?

L'avis d'Élisabeth Perrin,

cheffe du département HSE, à l'IUT de Besançon à Vesoul

« Chaque année, le département hygiène-sécurité-environnement (HSE) reçoit environ 300 dossiers pour une capacité d'accueil de 78 élèves en 1re année, ce qui correspond à trois groupes de TD. La sélection repose sur l'étude des dossiers des candidats, en prenant en compte leurs notes en sciences. En effet, la plupart des jeunes candidats sont titulaires d'un bac S, quelques-uns d'un bac ES option maths, aucun n'a un bac L. En revanche, il y a de la place pour les titulaires de bac professionnel ou technologique, qui représentent près d'un tiers des inscrits. Mais, ce qui compte avant tout, c'est le dossier et ses appréciations. Un élève qui, au lycée, a eu des remarques du type "bavard, nonchalant..." ne sera pas retenu. Dans ces métiers, il est nécessaire d'avoir un comportement irréprochable. D'où l'importance accordée au sérieux et à la motivation des jeunes. On observe actuellement que les femmes sont minoritaires dans les promos. Pourtant, ces métiers, qui débouchent en priorité sur l'industrie, leur sont ouverts ! »

LES LICENCES PRO *à la loupe*

Après un bac + 2

→ en 1 an

De nombreuses licences pro permettent d'affiner son profil dans un domaine environnemental (prévention des risques, traitement de l'eau ou des déchets...) tout en acquérant de l'expérience professionnelle.

SÉLECTION

L'admission en licence professionnelle (LP) est sélective. Certains profils (titulaires de BTS/BTSA ou de DUT, ou étudiants de L2) sont privilégiés, selon la spécialité de la LP. La sélection se fait principalement sur dossier et sur lettre de motivation, auxquels s'ajoute parfois un entretien. Une attention particulière est portée au projet professionnel. Toute activité (bénévolat, stage, job) peut être valorisée, surtout pour les cursus spécialisés dans la médiation scientifique ou la protection de la nature.

PETITS EFFECTIFS

Les LP se préparent au sein des universités, soit dans les unités de formation et de recherche (UFR), soit dans les instituts universitaires de technologie (IUT), parfois en partenariat avec des lycées, des écoles ou encore des centres de formation d'apprentis (CFA) pour les cursus en alternance. Chaque promotion compte entre 25 et 30 étudiants.

UNE FORMATION PROFESSIONNELLE

Point fort de cette formation : la mise en situation professionnelle. Les étudiants effectuent 12 à 16 semaines de stage, et réalisent un projet tutoré (étude de dépollution, diagnostic d'eaux pluviales...) en petits groupes, le plus souvent en partenariat avec une entreprise. Les cours sont assurés conjointement par des professeurs et des professionnels.

OBJECTIF INSERTION

En principe, la licence pro n'appelle pas de poursuite d'études. Les étudiants sont opérationnels dès leur sortie, après avoir obtenu un diplôme qui confère le grade de licence et avoir renforcé leur expérience professionnelle. La licence professionnelle ne garantit ni salaire plus élevé ni responsabilités plus importantes par rapport aux diplômes de BTS et de DUT. Elle offre néanmoins un atout pour accélérer l'accès à l'emploi et la progression de carrière.

Repère

Les dossiers de candidature doivent généralement être déposés entre février-mars et mai.

Comment entrer en licence pro (LP) ?

La plupart des LP environnement exigent un bagage scientifique et technique : L2 chimie, biologie ou sciences de la Terre, BTS métiers de l'eau, DUT génie biologique ou mesures physiques... Certaines sont ouvertes aux titulaires d'une L2 gestion, géographie, ou d'un DUT carrières juridiques. Les notes, les appréciations et les expériences de stage ou de job sont examinées. Il est possible de prouver sa motivation de multiples façons. Par exemple, un stage en BTS dans une usine de valorisation des déchets, 1 mois de travail dans un centre de tri ou en tant qu'éboueur, du bénévolat dans une association de défense de l'environnement...

Quelle licence pro choisir ?

De nombreux cursus ciblent l'hydraulique, les méthodes d'analyse de l'eau, la gestion des eaux urbaines et rurales... D'autres s'orientent vers le traitement et la valorisation des déchets. Des formations plus généralistes (en maîtrise des risques, sécurité au travail, gestion de la qualité), débouchent sur des fonctions polyvalentes d'animateur sécurité-qualité-environnement. Les licences pro ciblant l'aménagement du paysage et la protection de la nature permettent aux étudiants d'acquérir des compétences en coordination de projet ou en animation et médiation scientifique. Avant de s'engager, mieux vaut avoir mûri son projet professionnel.

Une formation plus appliquée

L'avis d'Hélène Subra,

enseignante en licence pro traitement et valorisation des déchets industriels à Tarbes

« Cette licence pro complète les connaissances capitalisées jusqu'à bac + 2. Même un titulaire du DUT science et génie des matériaux maîtrisant déjà les propriétés de la matière va acquérir une seconde compétence en découvrant les réglementations et les méthodes de traitement comme l'enfouissement ou la valorisation de la matière. Un étudiant de L2 chimie possédant un bagage théorique découvrira des procédés chimiques, par exemple la floculation, la décantation... Se voulant plus appliquée, la licence pro apporte aussi des connaissances dans le management sécurité-qualité-environnement. Cela contextualise la gestion des déchets tout en élargissant les débouchés à des postes plus polyvalents, en particulier dans une PME. De plus, grâce à l'alternance, les étudiants sont mis en situation professionnelle. Ils peuvent ainsi avoir pour mission la mise aux normes de stockage de déchets dangereux sur un site industriel, ou l'évaluation de la conformité d'un centre de tri pour un syndicat intercommunal. »

LES LICENCES ET MASTERS *à la loupe*

Après le bac

→ en 3 à 5 ans

À l'université, il est possible de se former dans tous les domaines de l'environnement. Pas à pas, les étudiants construisent leur parcours, en 5 ans jusqu'au master.

UN PARCOURS EN DEUX TEMPS

Les études longues à l'université commencent par la licence (bac + 3), qui donne un socle de connaissances scientifiques. Pour développer leur compétence professionnelle, les titulaires d'une licence poursuivent le plus souvent en master ou en école d'ingénieurs. Ceux qui ne souhaitent pas aller jusqu'à un bac + 5 peuvent s'orienter vers 1 an de licence professionnelle après la 2e année de licence (L2).

BIEN CHOISIR SA FILIÈRE

Sciences de la vie et/ou de la Terre, chimie, géographie : quelle mention viser en fonction de son profil de bac et de son projet ? Il est indispensable de recueillir l'avis d'enseignants lors des journées portes ouvertes (JPO) ou en faisant une demande de conseil d'orientation pendant la procédure d'inscription APB. Car, si la plupart des licences sont ouvertes à tous les bacheliers (quelques-unes ont un recrutement particulier), certaines séries de bac sont plus adaptées que d'autres à une filière.

SPÉCIALISATION PROGRESSIVE

Assurant la transition entre le lycée et l'université, le programme de 1re année (L1) est pluridisciplinaire : biologie, géosciences, chimie, par exemple. Cela facilite les réorientations si besoin. Les 2 années suivantes (L2 et L3) servent à approfondir les bases acquises. Amorcée en L3 par un choix de parcours, la spécialisation se fait au cours des 2 années de master (M1 et M2). Des stages réalisés lors de la licence ou un cursus suivi en alternance renforcent la professionnalisation.

LIBERTÉ À SURVEILLER

Au début, les étudiants peuvent avoir l'impression que le rythme de travail est moins intensif qu'au lycée. Cependant, réviser ses cours, préparer les travaux pratiques (TP) et les travaux dirigés (TD) exige un investissement personnel important. Tutorat par des étudiants plus avancés, séances de soutien par les enseignants, bilans d'étape… autant de perches à saisir pour se donner un maximum de chances de réussite.

Repère

L1, L2, L3 : les 3 années de licence. Accès direct possible en L2 ou L3, sur dossier, après un BTS, un DUT, une prépa…

M1, M2 : les 2 années de master. Accès de droit en M1 avec une licence compatible ou admission sur dossier ; accès sélectif en M2.

Info@

www.onisep.fr/organisation_licence Pour découvrir les 3 ans de licence.

www.onisep.fr/reussir_licence Pour passer le cap de la 1re année à la fac.

Quelles filières pour les scientifiques ?

Les licences de sciences de la Terre (ou géosciences), de sciences de la vie (ou biologie), de chimie ou de chimie-physique peuvent conduire à des masters du domaine de l'environnement. À partir de la L3, parfois de la L2, il est possible de choisir une orientation environnement. En sciences de la Terre, des parcours géosciences et environnement sont proposés et, en chimie, des parcours chimie et environnement. Les biologistes qui s'intéressent à l'écologie ont intérêt à s'orienter vers les parcours biologie des organismes et des populations, ou biodiversité. Comme les masters environnement ont souvent une approche interdisciplinaire, il peut être judicieux de suivre une licence bidisciplinaire (biologie-géologie, chimie-sciences de la Terre...), ou de suivre des options complémentaires.

Quelles spécialisations pour les chimistes ?

Les titulaires d'une licence de chimie ou de chimie-physique ont principalement accès à des masters spécialisés dans les domaines de la chimie atmosphérique, de la chimie de l'eau, de l'évaluation des risques chimiques et environnementaux, de la dépollution et de la valorisation des déchets. C'est le cas notamment des masters centrés sur l'hydrochimie, l'écotoxicologie et les méthodes de l'analyse environnementale.
De nombreux cursus abordent les trois milieux (eau, sol, air). Certains accueillent aussi des étudiants issus de licence sciences de la vie et de la Terre.

Hydrologie ou hydrochimie ?

L'avis de Jérôme Viers,

responsable du master hydrologie, hydrochimie, sol, environnement à l'université Paul-Sabatier à Toulouse

« Le parcours hydrologie est plus difficile à aborder si l'on n'a pas acquis de bonnes bases en mathématiques et en physique en licence et en M1, comme ce peut être le cas pour les étudiants de la filière biologie. Ce parcours apprend aux étudiants à modéliser le débit de cours d'eau et des phénomènes comme les épisodes cévenols (pluies diluviennes). Grâce à cette modélisation mathématique des fluides, il est possible de prédire à quel moment se produira le pic d'une crue et quelle sera la surface inondée, et ainsi de créer des alertes. On peut aussi prévoir la ressource en eau d'un bassin versant à l'échelle de 30 à 50 ans en se basant sur différents scénarios climatiques. Moins matheux, le parcours hydrochimie convient aux étudiants issus de filières sciences de la Terre, chimie de l'environnement, chimie-physique. On y apprend notamment à réaliser des diagnostics de contamination par des polluants, en vue de la réhabilitation des sites. Les emplois se trouvent surtout dans les bureaux d'études spécialisés dans la gestion hydrologique ou dans le traitement de sites contaminés. »

Quelles spécialisations pour les géologues ?

Après une licence de sciences de la Terre, géologie ou géosciences, il est possible de se spécialiser en hydrologie, géochimie, géotechnique et géophysique appliquées à l'environnement. Les masters dédiés à ces champs disciplinaires forment des spécialistes de la gestion des sols et des ressources en eau, du stockage des déchets et de la réhabilitation des sites pollués. Les masters liés à la géophysique et à la géotechnique préparent aussi au métier d'ingénieur risques naturels (mouvements de terrain, failles sismiques) pour les bureaux d'études et les sociétés d'aménagement. D'autres spécialisations : océanographie, aménagement, cartographie...

Quelles spécialisations pour les biologistes ?

De nombreux masters dédiés à l'écologie et à la biodiversité accueillent surtout des titulaires d'une licence de biologie orientée vers la biologie des organismes et des populations. Outre les savoirs scientifiques, on y apprend à réaliser des diagnostics écologiques et des plans de conservation ou de restauration de la biodiversité. Quelques masters ciblent plus spécifiquement l'hydrobiologie, la gestion et la restauration des milieux aquatiques ou les écosystèmes marins.

Sol et sous-sol : vers des métiers porteurs

L'avis de Charley Merciecca,

responsable du master géologie de l'aménagement à l'université Blaise-Pascal à Clermont-Ferrand

« Dans ce master, les titulaires d'une licence de sciences de la Terre complètent leur formation en géologie par une compétence en mécanique des sols et des roches, géophysique, hydrogéologie et modélisation géotechnique. Leur connaissance des problématiques des mouvements du sol, du stockage et de la protection de l'eau en nappe souterraine les conduit rapidement à des postes d'ingénieur : réalisation d'études d'impact, dimensionnement d'ouvrages géotechniques dans le cadre de projets d'aménagement... »

Se frotter au terrain

L'avis de Laurent Pelozuelo,

coresponsable du master gestion de la biodiversité à l'université Paul-Sabatier à Toulouse

« Dès la licence, il est recommandé d'adhérer à une association de protection de la nature pour participer à des sorties sur le terrain et à des animations, et développer ses connaissances botaniques et faunistiques. C'est très important pour obtenir un stage dans un parc naturel ou une association, et cela fait partie des critères de recrutement. »

Quelles ouvertures pour les non-scientifiques ?

Certaines licences de sciences humaines et sociales offrent des orientations vers l'environnement. Les licences de géographie et aménagement donnent accès aux masters d'aménagement dédiés à l'éco-aménagement et l'éco-urbanisme, à la gestion des paysages, à l'écotourisme... Les géographes peuvent aussi choisir une spécialisation en cartographie et en géomatique. Les juristes ont accès à des masters de droit de l'environnement. Enfin, certains masters axés sur la gestion des risques environnementaux accueillent des titulaires de licence de droit, d'économie ou de gestion. Ils forment de futurs responsables de services environnement pour l'industrie, les assurances et les collectivités.

La place de la pratique professionnelle ?

En master, elle prend la forme de projets qui représentent environ 15 % d'un cursus. « *Pendant 1 semestre, on a établi le plan de gestion des espaces verts du campus de l'université* », se souvient un diplômé. Les naturalistes peuvent aussi créer une animation pédagogique pour une école, monter une exposition-conférence sur les reptiles... Les géologues dressent la cartographie d'un site pour un projet routier. Les futurs océanographes partent en mer faire des prélèvements pour des stations marines. À ces projets s'ajoutent les stages, en particulier le stage final de 6 mois.

Océanographie : plusieurs approches

L'avis de Nadia Sénéchal,

responsable du master océanographie à l'université de Bordeaux

« L'océanographie (étude des océans et des mers) exige une large culture scientifique : biologie, chimie, géologie et physique. Le M1 accueille donc des étudiants issus de ces filières. Le 1er semestre aborde l'océanographie sous tous ses aspects. Les étudiants peuvent ensuite se spécialiser via *les options. Cette spécialisation se poursuit en M2. Le parcours océanographie côtière forme des ingénieurs océanographes, gestionnaires du littoral selon diverses approches. Les hydrodynamiciens s'intéressent aux phénomènes d'érosion et de submersion marine (inondation temporaire due à la mer). Les chimistes peuvent, par exemple, évaluer et traiter les pollutions dues aux rejets dans les estuaires, tandis que les biologistes étudient l'impact de ces effluents sur les écosystèmes. Plus proche des géosciences, le parcours de M2 enregistrements sédimentaires forme principalement des ingénieurs océanographes pour la prospection pétrolière. Il s'intéresse aussi à la paléoclimatologie (étude des climats passés et des sédiments marins). »*

Cinq cursus master en ingénierie (CMI) à accès sélectif à partir de la L1.

LES ÉCOLES D'INGÉNIEURS *à la loupe*

Après le bac

→ en 5 ans

Après un bac + 2

→ en 3 ans

De la gestion environnementale des espaces ruraux aux éco-énergies en passant par l'hydrogéologie et le traitement des pollutions, les écoles d'ingénieurs offrent une multitude de spécialisations.

EN 3 ANS, EN 5 ANS...

5 années d'études après le bac sont nécessaires pour obtenir le diplôme d'ingénieur, reconnu par la Commission des titres d'ingénieur (CTI). Mais le temps passé en école d'ingénieurs varie selon le parcours choisi. Certains établissements accueillent des bacheliers pour un cursus en 5 ans débutant par 2 années de cycle préparatoire. Plus nombreuses, les écoles en 3 ans recrutent majoritairement des étudiants issus de prépas (CPGE), ou d'autres bac + 2 scientifiques et technologiques *via* les admissions parallèles.

UNE ENTRÉE SÉLECTIVE

Pour les concours après le bac, la sélection, souvent commune à plusieurs écoles, s'effectue sur dossier, entretien et/ou épreuves. Si les bacheliers S sont majoritaires, les profils technologiques sont également admis. Pour les concours après une prépa, il faut prévoir 3 à 4 jours d'épreuves portant sur l'ensemble des matières abordées en CPGE scientifiques. En admissions parallèles, place à l'étude du dossier, parfois assortie d'épreuves.

DES SCIENCES, MAIS PAS SEULEMENT

Dominants au début, les enseignements scientifiques de base (maths, physique, chimie, biologie, géologie...), différents selon les écoles, laissent progressivement la place aux sciences et techniques de la spécialité : aménagement durable, traitement de l'eau et des rejets industriels, hydrogéologie, hydraulique... Le programme inclut des cours de langues, de gestion d'entreprise et de droit. Au menu aussi : sensibilisation à la recherche et ouverture à l'international.

CAP SUR UN MÉTIER

Pour rendre les futurs ingénieurs opérationnels, les stages occupent au minimum 28 semaines de la formation, et de nombreux projets de groupe initient les élèves au travail en équipe. Cours assurés par des professionnels en exercice, visites de sites industriels, forums de recrutement, missions en junior-entreprises et possibilité d'apprentissage contribuent à l'ancrage terrain.

Repère

Les droits annuels d'inscription sont d'environ 610 € dans les écoles universitaires et de 1 550 € dans les écoles d'agronomie. Dans certains établissements privés, ils peuvent s'élever jusqu'à 8 000 € l'année.

Info@

www.onisep.fr/ecoles_ingenieurs Sur la sélection et l'organisation en école d'ingénieurs.

www.onisep.fr/classes_prepa Sur le fonctionnement des classes prépa.

Dans quelles écoles se spécialiser en environnement ?

Très peu d'écoles (EME Bruz, Engees Strasbourg, Bordeaux INP-Ensegid...) se consacrent exclusivement à l'environnement. Ce domaine peut cependant être étudié dans de nombreux établissements, tout au long du cycle ingénieur ou en dernière année.
Les écoles d'agronomie offrent des spécialisations en agro-écologie, gestion de l'eau et des ressources, halieutique, biodiversité, paysage...
Les écoles de chimie abordent la chimie et les bioprocédés pour l'environnement, la chimie verte, le management qualité-sécurité-environnement, les éco-énergies.
Les écoles de géosciences proposent des spécialisations en hydrogéologie et en bio-géo-chimie. Les spécialités risques environnementaux, toxicologie, hydraulique, énergies nouvelles, océanographie... sont aussi proposées dans certaines écoles généralistes.

Quels accès après le bac ?

Les cycles préparatoires des écoles en 5 ans ciblent prioritairement les bacheliers S, mais certains ouvrent leurs portes aux STAV, STI2D et STL.
Par ailleurs, des cycles préparatoires communs permettent l'accès au cycle ingénieur de plusieurs écoles (après validation du cursus): le cycle préparatoire intégré (CPI) de la Fédération Gay-Lussac pour les écoles de chimie (après un bac S), le parcours des écoles d'ingénieurs Polytech (PeiP) accessible après réussite au concours Geipi-Polytech ouvert aux terminales S, STI2D et STL.

L'apprentissage, une valeur sûre

L'avis de Céline Adnet,

responsable formation de la filière apprentissage de l'École nationale du génie de l'eau et de l'environnement de Strasbourg (Engees)

« L'Engees propose une filière apprentissage durant les 3 années du cursus. Par des concours spécifiques, 20 places sont offertes aux titulaires de BTS/BTSA ou de DUT, ou à des étudiants de licence, et 10 places aux sortants de prépas BCPST, MP, PC ou PSI. Il n'est pas exigé d'avoir trouvé un maître d'apprentissage au moment du concours. Mais savoir parler de ses recherches et de ses objectifs est apprécié. Les apprentis sont majoritairement accueillis par des collectivités publiques (communes, conseils départementaux, agences de l'eau), par des bureaux d'études, par des sociétés de services comme Veolia et Suez Environnement, et par des entreprises de travaux publics. Environ la moitié des diplômés transforment leur contrat d'apprentissage en CDI. L'accès à l'emploi est plus rapide pour tous. Et l'expérience acquise facilite la négociation du salaire. »

Quelles classes préparatoires après un bac S ?

Les bacheliers S ayant suivi des enseignements spécifiques en SVT ou en écologie, agronomie et territoires peuvent viser une prépa biologie, chimie, physique et sciences de la Terre (BCPST) qui prépare aux concours des écoles d'agronomie (neuf écoles publiques), de géosciences et d'environnement (Bordeaux INP-Ensegid, ENS Géologie, EME, Engees, Ensic, etc.). Les élèves de terminale S à l'aise en mathématiques, physique et chimie ont le choix entre les prépas MPSI, PCSI et PTSI qui accordent chacune un poids différent à ces trois disciplines. À la clé, de très nombreux concours, notamment ceux des écoles à dominante physique ou chimie.

Quelles classes préparatoires après un bac techno ?

Les prépas technologie, biologie (TB) conduisent les bacheliers STL et STAV aux concours d'admission dans les écoles d'agronomie et dans d'autres écoles offrant des orientations environnement, comme l'Engees et certaines Polytech. Environ un candidat sur quatre est admis dans l'une de ces écoles. Des écoles offrant des spécialisations en chimie de l'environnement, aménagement ou hydraulique (CPE Lyon, Ensi Poitiers, ENTPE Lyon, ESTP) recrutent quelques bacheliers STI2D après une prépa technologie et sciences industrielles (TSI). Dans trois lycées, les prépas technologie, physique et chimie (TPC) préparent des bacheliers STL spécialité sciences physiques et chimiques en laboratoire aux concours des écoles de chimie.

Quelles formations pour une admission sans prépa ?

Quasiment toutes les écoles offrent des admissions parallèles aux titulaires de BTS/BTSA, de DUT, de L2, de licence scientifique, de licence pro et de M1. Les spécialités des diplômes admis varient selon les écoles. Dans les écoles d'agro, tous les BTSA, un large panel de BTS et de DUT à orientation biologie, chimie, physique ou industrie, les licences et licences pro de SVT et de sciences de la matière bénéficient de concours spécifiques. Dans les écoles de chimie, priorité aux BTS, DUT et licences de chimie, génie chimique et mesures physiques, et dans les cursus de géosciences aux BTS et licences de géologie. Pour accroître leurs chances aux concours, les titulaires de BTS/BTSA ou de DUT ont intérêt à suivre 1 année préparatoire : prépa adaptation technicien supérieur (ATS), ingénierie industrielle ou biologie.

Admissions 2014 : 19 % après le bac, 46 % après une prépa, 34 % en admissions parallèles.

LES ÉCOLES DE L'ENVIRONNEMENT à la loupe

Plusieurs écoles, en majorité privées, proposent des cursus d'études spécialisés en environnement. La plupart débutent après le bac, et certains permettent de poursuivre en cycle ingénieur ou en master.

Après le bac
→ en 2 à 5 ans
Après un bac + 2
→ en 1 à 3 ans

AMÉNAGEMENT ET ENVIRONNEMENT

Après le bac, différentes formations se consacrent à l'aménagement durable. Le cursus en 2 ans de l'ENTE conduit au titre de chargé de projet en aménagement durable. LaSalle Beauvais prépare, en 3 ans, au titre de technicien supérieur en géologie. Trois formations en 3 ans, dédiées aux ressources marines (biologiques ou minérales) et à l'aménagement du littoral, peuvent être suivies à l'Intechmer, institut du Conservatoire national des arts et métiers (Cnam).

QUALITÉ, SÉCURITÉ, ENVIRONNEMENT (QSE)

Il est possible de se former au management QSE au sein d'écoles d'ingénieurs, soit en préparant le bachelor (bac + 3) de l'EME à Bruz, soit en suivant le cycle préparatoire ingénieur de l'EI Cesi à Arras et à Saint-Nazaire, qui conduit à un titre d'animateur QSE (bac + 2), et à l'entrée en cycle ingénieur pour 95 % des étudiants. D'autres établissements privés proposent des formations QSE en 3, 4 ou 5 ans après le bac : l'Esqese (universités catholiques de Lyon et de Toulouse), l'ISE à Saint-Quentin-en-Yvelines, et plusieurs centres de formation d'apprentis de l'industrie (CFAI).

POUR DIFFÉRENTS PROFILS

Les cursus après le bac accueillent prioritairement des titulaires de bac S, STI2D, STL ou STAV, et certaines formations en QSE des bacheliers ES et STMG. Après un bac + 2, les CFAI intègrent surtout des titulaires de BTS ou de DUT industriels ou environnement. Les promotions comptent 20 à 30 étudiants, et l'accès peut être sélectif. Ainsi, un candidat sur quatre, en moyenne, est admis dans les bachelors de l'EME et d'Intechmer.

CURSUS EN ALTERNANCE

Les études sont généralement payantes, de l'ordre de 4 500 € par an. Mais, dans les CFAI et à l'EI Cesi, la formation peut être suivie en apprentissage. De même, l'Esqese propose un master en alternance, en partenariat avec les instituts d'administration des entreprises (IAE) de Lyon et de Toulouse.

Repère

Les candidatures à certaines formations se font dans le cadre de la procédure Admission post-bac (APB).

Info@

Bien s'informer sur la reconnaissance des diplômes. Certains titres sont répertoriés au niveau bac + 2 ou bac + 3/4 par le RNCP. Pour en savoir plus, **www.onisep.fr/titres_RNCP**

PARCOURS D'ÉTUDES

À chacun son chemin

Objectif bac + 3

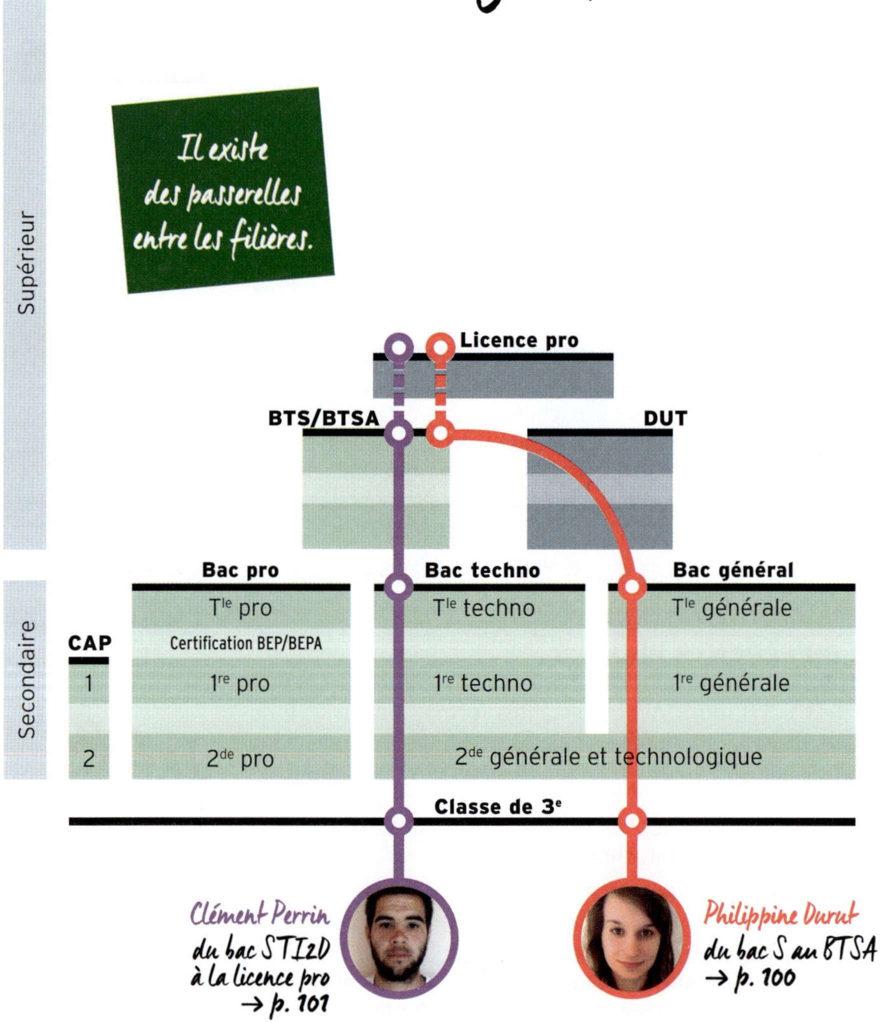

Objectif bac + 5

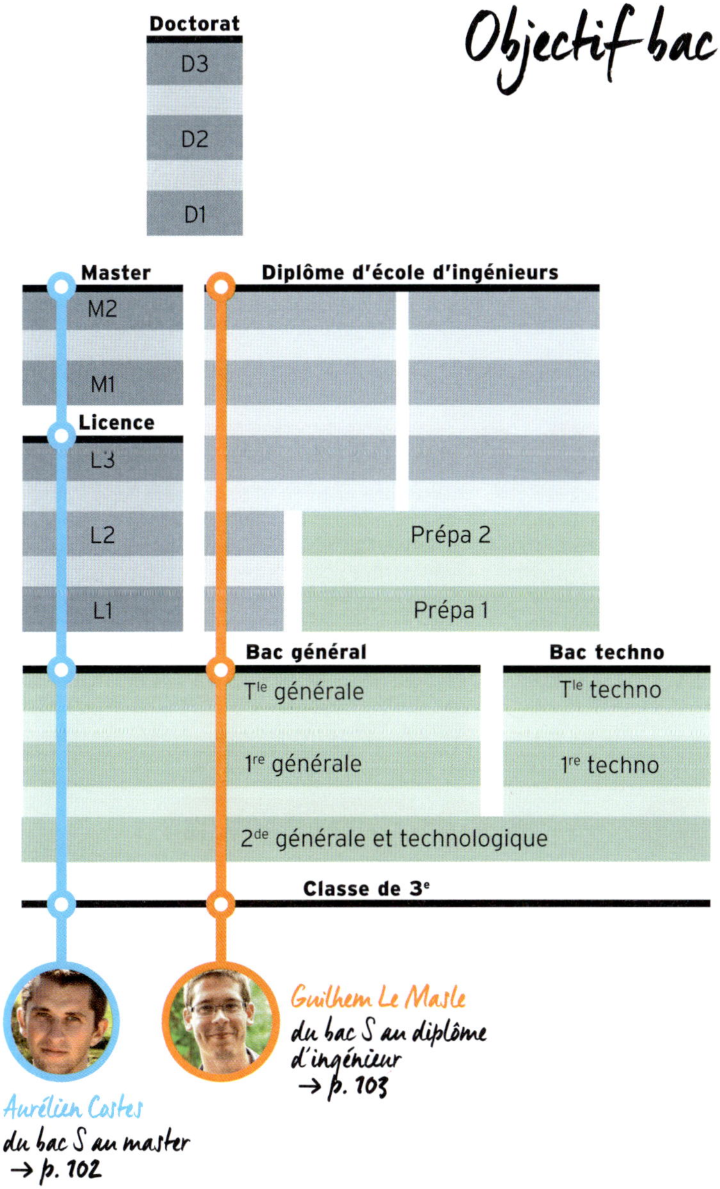

Légende

Lycée
École
Université
Diplôme

Lexique

BEP : brevet d'études professionnelles

BEPA : brevet d'études professionnelles agricoles

DTS : brevet de technicien supérieur

BTSA : brevet de technicien supérieur agricole

CAP : certificat d'aptitude professionnelle

D : doctorat

DUT : diplôme universitaire de technologie

L : licence

M : master

VERS UN BTSA

« En échangeant avec des étudiants, j'ai compris que cette formation me convenait. »
Philippine Durut, 20 ans

1 CE SERA GEMEAU

En terminale S profil écologie, agronomie et territoires, au lycée agricole de Douai, Philippine commence à s'intéresser à l'environnement. *« J'appréciais d'aller sur le terrain lors des travaux pratiques. En échangeant avec les étudiants du BTSA gestion et maîtrise de l'eau (GEMEAU), j'ai compris que cette formation me convenait. »*

2 HYDRAULIQUE ET ÉCONOMIE

Discipline pivot du BTSA, l'hydraulique plaît beaucoup à Philippine par ses aspects à la fois théoriques et concrets. *« On calculait des pentes pour permettre l'écoulement de fluides. »* Entre les cours de chimie de l'eau et ceux de topographie, elle pratique la dissertation économique. *« Cette matière, importante à l'examen final, m'a demandé un travail soutenu car la rédaction n'est pas mon fort. »*

3 STAGES COMPLÉMENTAIRES

Pendant son stage de 1re année, Philippine suit l'activité d'un conducteur de travaux. *« Je l'accompagnais sur différents chantiers dédiés à la construction de réseaux d'assainissement. »* L'année suivante, elle s'envole pour le Brésil. *« Pendant 2 mois, j'y ai réalisé des analyses physico-chimiques et microbiologiques au sein d'une entreprise de traitement de l'eau. »*

4 COMME DES PROS

« C'est en stage que l'on constate l'utilité des connaissances acquises en cours », observe Philippine, qui a ensuite affiné sa compétence en réalisant un projet avec deux camarades. *« Pilotés par un ingénieur de la société Eurovia Vinci, nous devions proposer des solutions de dépollution des eaux pluviales recueillies sur une plate-forme logistique : 2 mois de travail, en parallèle des cours. »*

5 ÉTOFFER SON CV

Diplômée avec mention, Philippine poursuit ses études en licence professionnelle spécialité eau : ressource et infrastructures, afin de monter en compétence. En stage dans un bureau d'études, elle suit des projets d'installation de systèmes d'assainissement collectif.

VERS UNE LICENCE PRO

« Les stages en entreprise m'ont aidé à construire mon projet professionnel. »
Clément Perrin, 22 ans

1 BAC STI2D

Clément prépare un bac STI2D, sans projet précis, avant de découvrir l'environnement. *« En terminale, j'ai effectué un stage dans le domaine de l'eau à la Compagnie générale du Rhône et j'ai découvert que cela m'intéressait beaucoup. »* Il décide alors de s'orienter vers ce domaine, sans tirer un trait sur son bagage technique. *« L'environnement a recours à la mécanique et à l'électrotechnique, par exemple pour les réseaux hydrauliques ou les pompes à dépolluer les sols. »*

2 BTS ET EXPÉRIENCE

Il opte pour un BTS métiers de l'eau à Chambéry. Deux stages au syndicat des eaux de l'Isère lui font découvrir la réalité des métiers. Nouvelle opportunité : avant même d'avoir son diplôme, on lui propose de remplacer un technicien fontainier en congé longue durée dans la même organisation. *« Je n'ai pas hésité, ce remplacement m'apportant une expérience professionnelle. »*

3 LICENCE PRO EN ALTERNANCE

Ce rapide détour par la vie professionnelle s'avère payant. Lors de sa recherche d'emploi, l'entreprise de dépollution des sols Serpol lui propose de suivre, en alternance, la licence pro maîtrise des pollutions et nuisances de l'IG2E à Lyon, dont elle est partenaire. *« Je m'en félicite car cette licence est très polyvalente, touchant aux déchets, à l'eau, à l'hygiène-sécurité... »*

4 OPÉRATIONNEL

Avec ses 3 années d'expérience, certain d'avoir fait le choix d'un domaine porteur, Clément n'est pas inquiet pour son avenir professionnel. *« Le travail par projets de groupes associé au temps passé en entreprise me permet d'être opérationnel. »*

VERS UN MASTER

« C'est grâce à des responsabilités associatives que j'ai trouvé ma voie. »
Aurélien Costes, 26 ans

1 AVANTAGE À LA BIO

En licence sciences de la vie et de la Terre après un bac S, Aurélien préfère de beaucoup la biologie à la géologie. *« La biologie végétale, la biologie et la physiologie animales m'intéressaient particulièrement. »* Ses notes de géologie et de minéralogie l'obligent cependant à redoubler la L3.

2 PASSERELLE DE L3

Il rebondit grâce à une équivalence : *« J'ai choisi la L3 biologie des organismes et des populations. »* Cette licence offre de solides bases naturalistes, dans la droite ligne des masters d'écologie. Il la complète en s'impliquant au sein d'associations de protection de l'environnement.

3 RÉSEAU PROFESSIONNEL

« C'est grâce à des responsabilités associatives que j'ai trouvé ma voie », souligne Aurélien. Un bilan impressionnant : stage de 6 mois dédié à la lutte contre des insectes ravageurs, mission d'expertise en entomologie, fonctions de secrétaire de l'Office pour les insectes et leur environnement Midi-Pyrénées : *« J'organisais des sorties de terrain et des animations pour des scolaires, je réalisais des inventaires... »*

4 MASTER PRO

Si le M1 d'écologie est encore généraliste, Aurélien choisit des options dédiées à l'entomologie et à la biodiversité aquatique, et rédige des articles sur des libellules rares. Fort de ses expériences, il entre en M2 gestion de la biodiversité aquatique et terrestre, toujours à Toulouse : *« Il n'y avait que 18 places. »* Lors d'un second stage de master, il étudie l'intérêt des papillons dans la gestion des milieux naturels.

Après son diplôme, Aurélien est recruté comme technicien écologue par un bureau d'études environnementales. 3 ans plus tard, il est promu chargé d'études, puis chef de projet.

VERS UN DIPLÔME D'INGÉNIEUR

« Les 2 années du cycle préparatoire m'ont laissé le temps de mûrir mon projet. »
Guilhem Le Masle, 24 ans

1 PRÉPA POLYTECH

« En terminale, j'ai repéré le réseau Polytech dont les 13 écoles universitaires offrent un large choix de spécialisations. Les 2 années du cycle préparatoire commun me laissaient le temps de mûrir mon projet. » Guilhem s'intéresse au domaine de l'eau. Il vise Polytech Montpellier qui propose cette spécialité, de plus dans sa ville. Son bac S profil mathématiques, mention assez bien, et l'entretien de motivation lui ouvrent les portes de cette école.

2 SOCLE SCIENTIFIQUE

Beaucoup de maths, mais également de la chimie, de la physique, de la biologie, de l'informatique et de l'électricité… *« Théorique, mais jalonné de travaux pratiques, de travaux dirigés et de quelques projets, le cycle préparatoire m'a donné un socle scientifique solide. »* Grâce à un travail assidu, Guilhem est admis dans le cycle ingénieur de Polytech Montpellier, en bonne place. Parfois au prix d'un certain stress, lors des périodes d'examen.

3 SCIENCES DE L'EAU

Pendant les 3 années du cycle ingénieur, le jeune Montpelliérain se spécialise dans les sciences et technologies de l'eau : hydrologie, hydraulique, traitement de l'eau, chimie des eaux, biologie… *« Des expériences en laboratoire assuraient le lien entre théorie et applications. Et des projets, comme la modélisation d'une nappe phréatique, nous initiaient au travail en petits groupes. »*

4 DES STAGES PRO

Concevant ses stages comme une préparation à la vie active, Guilhem varie les expériences. *« Un stage en bureau d'études m'a permis de réaliser différents projets hydrauliques en semi-autonomie. Au cours du stage long de dernière année, j'ai participé à l'activité de l'équipe d'une station d'épuration. Une autre vision du métier d'ingénieur. »*

Recruté sitôt diplômé comme ingénieur d'études par le bureau d'études qui l'avait accueilli en stage, Guilhem a obtenu un CDI après 6 mois.

EMPLOI

LES EMPLOYEURS DE L'ENVIRONNEMENT

Comment répondre aux nécessités économiques tout en préservant les ressources naturelles ? Pouvoirs publics, industriels et associations ont chacun leur rôle à jouer.

ÉTAT ET COLLECTIVITÉS TERRITORIALES

Le ministère chargé du Développement durable promeut la gestion durable des ressources, la sécurité industrielle et la prévention des risques naturels et technologiques. Pour exercer ces missions, il s'appuie sur ses services régionaux et départementaux, sur les agences de l'eau, sur les parcs nationaux et sur des opérateurs comme l'Agence de l'environnement et de la maîtrise de l'énergie (Ademe). D'autres organismes sont spécialisés dans les risques industriels, la sûreté nucléaire, la forêt, la chasse et la faune sauvage, l'eau et les milieux aquatiques. Les chercheurs, ingénieurs, techniciens et agents qui y travaillent sont recrutés sur concours (pour les fonctionnaires) ou par contrat.

Les collectivités territoriales emploient, elles, 1700 conseillers environnement, auxquels s'ajoutent les nombreux fonctionnaires territoriaux et agents sous contrat qui s'occupent des espaces naturels, de la propreté et des déchets, de l'eau et de l'assainissement.

ENTREPRISES

C'est au sein des éco-industries que se situe la majorité des métiers de l'environnement. Un secteur occupé par des sociétés spécialisées dont des groupes internationaux tels que Veolia et Suez Environnement. Sur le terrain, des agences locales assurent, pour le compte des collectivités territoriales, la collecte et le traitement des déchets, la dépollution de l'eau, ou encore le recyclage des matériaux, en plein développement.

Par ailleurs, de nombreuses entreprises industrielles, en particulier les plus polluantes, se sont dotées d'équipes spécialisées en chimie, gestion des déchets, qualité-sécurité-environnement. Objectif ? La maîtrise et le retraitement de leurs effluents (rejets liquides pollués).

BUREAUX D'ÉTUDES

Plus d'un millier de bureaux d'études ou sociétés de conseil et d'ingénierie proposent aux entreprises ainsi qu'aux services publics leur expertise environnementale. L'évolution constante de la réglementation de même que les innovations technologiques (dépollution, assainissement de l'eau...) favorisent leur croissance. Ces sociétés occupent divers créneaux, notamment les études d'impact, la cartographie, le diagnostic et la dépollution de sites, l'ingénierie hydraulique... Un secteur porteur pour les ingénieurs et les cadres.

ASSOCIATIONS

Le monde associatif est très actif dans l'éducation à l'environnement, le développement de projets et la gestion de la biodiversité, en partenariat avec les acteurs locaux. Parfois en concurrence avec le secteur marchand, il s'est professionnalisé, et compte plus de 50 % de salariés aux côtés des bénévoles. Ce secteur offre des perspectives intéressantes aux jeunes diplômés titulaires d'un bac + 3 au minimum. Mais il peine à les fidéliser dans le temps, faute de moyens financiers.

LES COMPÉTENCES ATTENDUES

Être expert dans un domaine scientifique ou technique ne suffit pas toujours dans l'univers complexe de l'environnement. D'autres compétences peuvent être acquises en cours d'études.

Capacités de médiation
Mobiliser différents partenaires

Un programme environnemental associe très souvent plusieurs interlocuteurs. Le chef de projet doit alors nouer des partenariats et animer des réunions. «*Je développe une démarche participative à partir des besoins exprimés par les élus, les habitants, les associations... Autour de la table, je réunis les acteurs impliqués dans le projet à différents titres. À moi de les repérer, de les informer, de les solliciter à chaque étape*», explique la responsable environnement d'une mairie. De même, un gestionnaire d'espace naturel défend la valorisation d'un site auprès de riverains, de collectivités territoriales, d'associations, d'agriculteurs... Autant d'acteurs qu'il doit fédérer autour d'un projet commun.

Créativité
Être force de proposition

Dans un domaine où l'on se préoccupe de l'avenir de la planète, tout ou presque est à inventer. Chargé de sensibiliser divers publics, dont des chefs d'entreprise, un éducateur à l'environnement doit créer des animations et des outils pédagogiques porteurs de messages sur la biodiversité ou le recyclage des déchets. Au sein des métropoles, la capacité d'innovation est aussi essentielle. «*Les responsables environnement des collectivités territoriales participent à des réflexions stratégiques pour imaginer comment les villes de demain vont se développer*», observe Tiphaine Miloud-Ali, du Centre de ressources des associations en environnement.

En bureau d'études, il faut s'adapter au fonctionnement de chaque client, commune ou entreprise.

© ALAIN POTIGNON/ONISEP

Polyvalence
Savoir gérer un projet

Différents métiers de l'environnement font appel à une expertise en chimie, en biologie ou en géologie, ou bien à une compétence en gestion de la biodiversité, aménagement, hydraulique, traitement des eaux... Encore faut-il être capable de répondre aux appels d'offres, de rédiger un cahier des charges, d'encadrer des équipes... « *Après une licence en chimie-physique, j'ai suivi une spécialisation en gestion des déchets, d'abord très technique, puis axée sur la gestion de projet. Un stage dans une filiale du groupe Suez Environnement m'a permis d'être opérationnel* », se souvient un chef de projet en dépollution des sols.

Veille réglementaire
Respecter les procédures

La connaissance de la réglementation et de ses constantes évolutions est une obligation pour de nombreux professionnels de l'environnement. Chargé d'impulser des procédés innovants, un ingénieur en valorisation énergétique des déchets doit prendre en compte les dernières normes environnementales. Sur un chantier, un chef de projet en dépollution des sols respecte les seuils imposés par la direction régionale de l'environnement, de l'aménagement et du logement (Dreal). Et le responsable environnement d'une commune qui veut introduire des produits bio dans des cantines scolaires doit appliquer les règles des marchés publics.

Connaissance des acteurs
L'atout du bénévolat

Développer un projet environnemental implique souvent de devoir rechercher des partenaires financiers. Ainsi, lors de la revalorisation d'un espace naturel, un chargé de mission prépare le montage financier du projet et le défend auprès des collectivités territoriales, des agences de l'eau, etc. Il doit ensuite constituer le dossier de consultation des entreprises qui réaliseront les travaux. « *Ces différentes procédures exigent de connaître les rouages des différents acteurs associés à un projet. C'est souvent pendant les études, par le biais des stages et d'activités bénévoles, que l'on s'y initie* », souligne une chargée de mission.

LES TENDANCES DU RECRUTEMENT

Si le traitement des déchets offre le plus de recrutements, la dépollution des sols et la protection des ressources naturelles gagnent du terrain.

Déchets : un enjeu crucial

Valorisation énergétique, recyclage, stockage des déchets… le contenu de nos poubelles génère de nombreux débouchés. Des emplois souvent peu qualifiés, près des trois quarts étant occupés par des ouvriers chargés du nettoyage de la voie publique, de l'enlèvement et du traitement des ordures. Reste qu'un quart des postes s'adresse à des diplômés souvent très qualifiés. Les entreprises éco-industrielles comme Veolia et Suez Environnement, mais aussi les bureaux d'études, les collectivités territoriales et les services environnement des groupes industriels, recrutent des ingénieurs et des titulaires de master en gestion des déchets, chimie appliquée à l'environnement, traitement des déchets radioactifs, agronomie… Cependant, *« ce secteur connaît des difficultés de recrutement, en partie à cause d'une mauvaise image, mais aussi parce que les plates-formes se situent à l'écart des grandes villes »*, reconnaît Lucie de Kerimel, chargée d'études à l'Agence pour l'emploi des cadres (Apec).

Eau : une valeur sûre

Le traitement des eaux usées, la production et la distribution d'eau potable emploient 50 000 salariés environ. On recrute surtout pour remplacer les départs à la retraite. Tous les niveaux de formation sont représentés dans cette activité, depuis le CAP agent de la qualité de l'eau jusqu'au diplôme d'ingénieur, en passant par les BTS/BTSA, les DUT et les licences pro, notamment pour l'analyse en laboratoire. Une partie des emplois se déplace vers les collectivités territoriales. Le groupe Veolia a ainsi supprimé 1500 postes de sa filiale eau, en 2013, suite à la décision de nombreuses collectivités de reprendre la gestion, jusqu'ici largement déléguée aux opérateurs privés. Ces derniers n'en continuent pas moins de recruter des profils spécialisés, par exemple en hydraulique, ou plus généralistes pour la coordination de la qualité-sécurité-environnement.

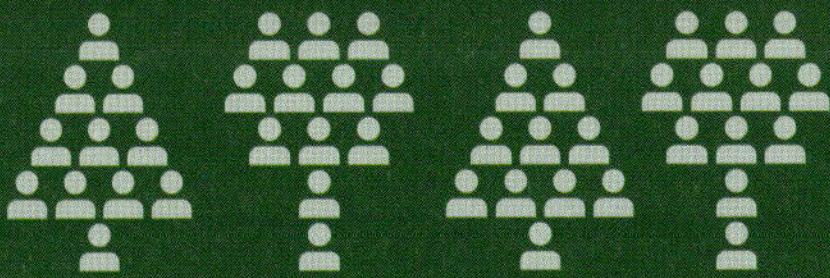

140 000

personnes exercent un métier vert.

Source : Commissariat général au développement durable, 2014.

80 %

de ces emplois sont liés à l'eau, aux déchets et à l'énergie.

Source : Commissariat général au développement durable, 2014.

56 %

des postes proposés en CDD.

Source : offres d'emploi en environnement reçues par l'Apecita* en 2013.

*Association pour l'emploi des cadres, ingénieurs et techniciens de l'agriculture et de l'agroalimentaire.

Les sols sur la bonne pente

Selon la réglementation, toute cessation d'activité industrielle s'accompagne d'une opération de dépollution des sols, et toute installation nouvelle prévoit les conditions de remise en état du site. Résultat : le marché de la réhabilitation des sols et des eaux souterraines a le vent en poupe, avec un essor de plus de 2 % en 1 an. Une aubaine pour les titulaires d'un bac + 2 ou d'un bac + 3 pour la mise en œuvre des chantiers, d'un bac + 5 pour la gestion de projet. Les recruteurs sont des bureaux d'études, des sociétés d'ingénierie et des groupes industriels.

Protection de la nature : concurrence élevée

Largement dévolue au monde associatif, la protection de la nature exerce une véritable attraction auprès des jeunes qui y trouvent un véritable engagement. « *Pour un poste de chargé de mission, nous recevons 150 candidats en 1 mois* », remarque Ludovic Serin, animateur au Centre de ressources des associations en environnement. De plus, les compétences recherchées évoluent. Désormais, les éducateurs à l'environnement doivent maîtriser l'animation de groupe. Et les chefs de projet développement durable en collectivité territoriale doivent connaître aussi bien les procédures de marchés publics que les techniques de concertation.

MES DÉBUTS DANS UNE ENTREPRISE

Christelle Reptin,
ingénieure énergies et environnement

CV

Diplôme d'ingénieur de l'École polytechnique féminine (EPF), Sceaux (92)

À 27 ans, cela fait déjà 4 ans que Christelle est en poste chez EDF. Son rôle ? Gérer la production des énergies nouvelles (hydraulique, éolien, solaire), analyser les modèles de prévision, et les améliorer, en collaboration avec les équipes des services de recherche et développement (R & D).

Faire connaître sa motivation

Recrutée par EDF dès l'obtention de son diplôme d'ingénieur, Christelle était sûre de sa motivation. *« Dès le bac, j'ai eu envie de travailler dans le domaine des énergies renouvelables. »* Elle choisit donc l'EPF pour sa spécialisation en énergie et en environnement. En dernière année, elle se rend à un forum où EDF est présent. *« Je voulais y faire un stage, mais ce groupe reçoit tellement de candidatures que je n'y croyais pas. »* Ayant repéré un éventuel contact au sein de l'entreprise, elle sait très vite qui consulter lors du forum.

Bien choisir son stage

« J'étais parmi les premières à me présenter. Ma candidature a séduit et j'ai très vite signé une convention de stage. » Sa mission : analyser les performances des centrales hydrauliques, et créer un outil informatique pour suivre leur disponibilité. Le bilan est positif. La jeune diplômée enchaîne avec un contrat temporaire pour réaliser le premier bilan global des émissions de gaz à effet de serre, obligatoire pour les grosses entreprises.

Multiplier les responsabilités

Après 8 mois, EDF lui propose un poste permanent comme ingénieure d'études, avec des tâches multiples. Poursuivant sa mission sur les gaz à effet de serre et les performances des centrales, elle travaille parallèlement sur de gros projets. *« J'ai bénéficié d'un premier salaire très attractif (3100 € brut par mois) et d'une évolution rapide »*, résume Christelle, séduite par le dynamisme du secteur.

Son conseil !

« Débuter dans une grande entreprise offre une certaine stabilité. De plus, les possibilités d'évolution sont multiples, je dirais même infinies lorsque l'on se passionne pour les sujets traités. »

MES DÉBUTS DANS UN BUREAU D'ÉTUDES

Delphine Manzi,
ingénieure d'études en hydraulique

CV

- Prépa mathématiques et physique (MP)
- Diplôme d'ingénieur hydraulique, ouvrages et environnement, de Grenoble INP Ense3

C'est grâce au réseau d'étudiants de son école d'ingénieurs que Delphine a trouvé son premier emploi, environ 6 mois après l'obtention de son diplôme.

Activer son réseau

Une offre d'emploi publiée sur la page Facebook de sa promotion par une ancienne étudiante retient son attention. *« Recrutée à l'issue de son stage par Artelia, elle a signalé que le département eau urbaine Paris cherchait deux professionnels. Je l'ai contactée immédiatement. Elle m'a ensuite décrit l'organisation interne de l'agence. J'ai pu ainsi cibler ma lettre de motivation pour le poste disponible au sein du pôle infrastructures et ouvrages. Avoir recueilli des informations sur le fonctionnement de l'entreprise auprès d'une salariée a sûrement été apprécié, d'autant plus que je sortais de la même école. »*

Se distinguer

Delphine passe deux entretiens, le premier technique, le second avec les services des ressources humaines. *« Les ingénieurs ayant un bagage commun en sortant de formation, les recruteurs s'intéressaient à ce que j'avais en plus. J'ai présenté mon année universitaire au Japon, ainsi que mes travaux de stage, en bureau d'études, sur un barrage fluvial. »*

Faire ses preuves

Recrutée en contrat permanent, Delphine travaille avec une cinquantaine de personnes. *« J'interviens en soutien sur différents projets. J'ai aussi rédigé une réponse à un appel d'offres sur la mise en œuvre d'un réseau d'assainissement dans une commune. Je me montre ouverte à tout, sans hésiter à poser des questions et à solliciter les conseils de mes collègues. »* Après 4 mois de période d'essai, ses missions vont progressivement évoluer.

Son conseil !

« Pour trouver un emploi, il faut se créer un réseau en nouant de nouvelles relations professionnelles. Les forums d'entreprises sont propices aux rencontres. »

GUIDE
PRATIQUE

PRÉPARER SON ENTRÉE EN VOIE PRO

Futur lycéen ou apprenti : le point sur le calendrier, les événements et les interlocuteurs qui vous accompagnent en classe de 3e.

Octobre à décembre

SE RENSEIGNER

→ Cette première phase consiste à se renseigner au centre de documentation et d'information (CDI) du collège, auprès d'un centre d'information et d'orientation (CIO), en échangeant avec le professeur principal ou le conseiller d'orientation-psychologue (COP). En complément, consultez au CDI les guides *Après la 3e* et ceux sur le CAP ou le bac pro proposés sur **www.onisep.fr**, ainsi que sur le site **www.onisep.fr/voie-pro**.

Décembre à février

EXPLORER

→ Rendez-vous aux différents **salons et journées portes ouvertes (JPO)** des lycées professionnels (LP) et centres de formation d'apprentis (CFA) de votre région. Envisagez toutes les formations qui vous intéressent et visitez les établissements qui les proposent. Préparez ces visites en listant les questions que vous vous posez. Le calendrier des JPO est publié sur le site de l'académie et/ou des délégations régionales de l'Onisep. Votre stage d'observation est aussi l'occasion de vérifier votre intérêt pour le métier qui vous attire.

À noter : pour les lycées privés, des préinscriptions ont parfois lieu lors de ces JPO.

Février à mars

AFFINER SES CHOIX

→ Vous devez formuler des **intentions d'orientation** sur une fiche navette : 2de pro ou CAP. Un avis provisoire est rendu lors du 2e conseil de classe de 3e. Parallèlement, continuez à approfondir votre information grâce aux **mini-stages** organisés par les établissements de certaines académies. Cette visite sur une journée ou une demi-journée est l'occasion de découvrir les filières et les spécialités, d'assister à un cours, d'observer des ateliers, de rencontrer des élèves et des professeurs.

Mars à juillet

FORMULER SES VŒUX

→ De mars à mai, finalisez vos **vœux définitifs d'orientation** : type de diplôme visé (CAP ou bac pro), spécialité(s) envisagée(s), modalités de formation (temps plein ou apprentissage), établissements ciblés.

→ À partir de mai, formulez vos **vœux définitifs d'affectation** par ordre de préférence, *via* une procédure informatisée. N'hésitez surtout pas à en exprimer plusieurs. Dans la voie professionnelle, les élèves peuvent se porter candidats dans n'importe quel lycée de l'académie, voire d'une autre académie, sous conditions (déménagement, formation rare...). Au préalable, renseignez-vous bien sur le taux d'encombrement des sections. La notification d'affectation reçue, n'oubliez pas de vous inscrire dans l'établissement (dates à respecter) afin de ne pas perdre votre place au profit d'un candidat sur liste d'attente.

Info+

Indépendante de la procédure d'affectation, la recherche d'un **maître d'apprentissage** commence dès le mois de janvier avec l'aide de votre famille et en vous renseignant dans les CFA. Mais il est conseillé de s'inscrire aussi en parallèle dans une formation sous statut scolaire en guise de solution de repli.

PRÉPARER SON ENTRÉE DANS LE SUPÉRIEUR

Dès la classe de 1re, commencez à construire votre parcours étape par étape.

Classe de 1re

SEPTEMBRE À DÉCEMBRE

→ Engagez le **dialogue** avec l'équipe éducative et participez aux **actions d'orientation et d'information** organisées dans votre lycée.

→ Profitez des **salons d'orientation** ou des **conférences thématiques** organisés dans votre région pour démarrer la réflexion en famille, en parallèle de l'accompagnement effectué en classe.

→ Sur **www.onisep.fr**, consultez le guide ***Après le bac, choisir ses études supérieures*** de votre région. Il permet de repérer toute l'offre de formation dans votre académie, avec indication des cursus publics et privés. Pour une information plus approfondie, consultez l'onglet « Après le bac » sur **www.onisep.fr**.

→ Pour une réflexion autour de vos centres d'intérêt et le choix de votre formation, prenez rendez-vous avec un conseiller d'orientation-psychologue du **centre d'information et d'orientation (CIO)** le plus proche de chez vous.

DÉCEMBRE À FÉVRIER

→ Universités, centres de formation d'apprentis (CFA), écoles... les établissements organisent des **journées portes ouvertes (JPO)**. Retrouvez les dates de ces journées sur **www.onisep.fr**, dans l'espace dédié à votre région ou sur le site de votre rectorat.

→ Des **journées d'immersion** permettent aussi d'aller découvrir les universités, seul ou avec sa classe. C'est l'occasion de rencontrer des étudiants et des enseignants, de suivre certains cours, de sentir l'ambiance de travail.

→ L'accès à l'immense majorité des places dans le supérieur est régi par la **procédure nationale d'admission post-bac (APB)**. Renseignez-vous sur les modalités, le calendrier, etc.

Classe de terminale

SEPTEMBRE À DÉCEMBRE

→ En préparation des inscriptions, repérez sur **www.onisep.fr_APB** les filières dont l'inscription s'effectue *via* la procédure Admission post-bac, et celles qui ont leur propre procédure d'inscription.

→ Pour des renseignements précis sur une filière d'études, n'hésitez pas à poser toutes vos questions par courrier électronique, tchat ou téléphone aux conseillers de l'Onisep *via* le service **www.monorientationenligne.fr**.

DÉCEMBRE À MARS

→ Sur **www.onisep.fr**, consultez le guide ***Après le bac, choisir ses études supérieures*** de votre région avant d'effectuer vos vœux sur **www.admission-postbac.fr** dès janvier, ou directement auprès des établissements dans certains cas. Si vous visez une formation en **apprentissage**, postulez également auprès des entreprises.

→ Poursuivez aussi les **visites d'établissements**.

→ Le site **www.admission-postbac.fr** permet aux élèves de terminale d'effectuer des demandes d'inscription dans plusieurs filières du supérieur. Dès le mois de décembre, vous y retrouvez la liste des formations ouvertes à la rentrée suivante, le calendrier et les différentes étapes à respecter, les profils particuliers (déjà bachelier, bac obtenu à l'étranger). Ceux qui visent l'université doivent aussi effectuer une demande de conseil (dite « orientation active ») autour des licences visées.

COMPARER LES FILIÈRES

Bac pro, BTS, DUT, master, diplôme d'ingénieur... reportez-vous à ce tableau pour découvrir d'un coup d'œil les caractéristiques des principales filières citées dans cette publication.

	Bac pro	BTS	DUT	Licence pro
Reconnaissance	Diplôme national	Diplôme national	Diplôme national	Diplôme national
Établissement	Lycée professionnel ou CFA	Section de techniciens supérieurs (STS), en lycée ou en école	Institut universitaire de technologie (IUT), à l'université	Université
Niveau d'admission	Après la classe de 3e	Bac	Bac	Bac + 2
Durée des études	3 ans	2 ans	2 ans	1 an
Accès	Sur dossier et avis du conseil de classe	Sur dossier, parfois entretien	Sur dossier, parfois entretien	Sur dossier et entretien
Stages	22 semaines, réparties sur 3 ans	12 semaines	10 à 16 semaines	12 à 16 semaines
Apprentissage	Oui, au sein de CFA ou en UFA de LP	Oui (offre variable selon les spécialités)	Oui (offre variable selon les spécialités)	Oui (offre variable selon les spécialités)
Validation	Contrôle continu et/ou examen en fin de cursus	Examen final avec une part de contrôle continu	Contrôle continu	Contrôle continu et/ou examen final
*Droits annuels d'inscription**	Gratuit dans le public et pour les apprentis, variable dans le privé	Gratuit dans le public et pour les apprentis, variable dans le privé	184 €; gratuit pour les boursiers et les apprentis	184 €; gratuit pour les boursiers et les apprentis
Poursuite d'études	BTS, MC	Pour 53 % des étudiants, mais variable selon les spécialités	Pour 82 % des étudiants	Pour environ 20 % des étudiants

Licence	Master	CPGE	Diplôme d'ingénieur
Diplôme national	Diplôme national		Diplôme habilité par la CTI**
Université	Université	Lycée	École d'ingénieurs
Bac	Licence	Bac	Bac ou bac + 2
3 ans	2 ans	2 ans	3 à 5 ans, selon le niveau d'admission
Pas de sélection en L1, mais avoir un profil adapté à la filière	Sur dossier et entretien en M2, voire en M1	Sur dossier	Sur épreuves, ou sur dossier et entretien
Facultatifs, le plus souvent	4 à 6 mois	Non	28 semaines au minimum pendant le cycle ingénieur
Très rare	Oui (offre variable selon les spécialités)	Non	Oui (offre variable selon les écoles)
Contrôle continu et/ou examen final	Contrôle continu et/ou examen final	Contrôle continu pour passer en 2de année	Contrôle continu
184 €; gratuit pour les boursiers	256 €; gratuit pour les boursiers et les apprentis	Gratuit dans le public, variable dans le privé	610 € dans la majorité des écoles publiques (gratuit pour les boursiers); jusqu'à 8 000 € dans les écoles privées; gratuit pour les apprentis
En master, le plus souvent	Doctorat	Concours pour intégrer les grandes écoles; licence	Pour 16 % des diplômés (mastère spécialisé, doctorat)

BTS : brevet de technicien supérieur ; CFA : centre de formation d'apprentis ; CPGE : classe préparatoire aux grandes écoles ; DUT : diplôme universitaire de technologie ; MC : mention complémentaire ; LP : lycée professionnel ; UFA : unité de formation par l'apprentissage.
* Coûts pour l'année 2014-2015.
** CTI : Commission des titres d'ingénieur.

CARNET D'ADRESSES DES FORMATIONS

Retrouvez toute l'info sur les formations et les établissements mise à jour sur **www.onisep.fr**.

Sommaire

CAP/CAPA

Le certificat d'aptitude professionnelle (CAP) et le certificat d'aptitude professionnelle agricole (CAPA) se préparent en 2 ans après la classe de 3e. Les adresses des établissements assurant la formation aux CAP agent d'assainissement et de collecte des déchets liquides spéciaux ; agent de la qualité de l'eau ; agent de propreté et d'hygiène ; propreté de l'environnement urbain, collecte et recyclage, ainsi qu'aux CAPA entretien de l'espace rural ; travaux forestiers ; travaux paysagers, sont consultables sur www.onisep.fr.

BACS PRO

Les adresses des établissements qui préparent aux baccalauréats professionnels aménagements paysagers ; forêt ; procédés de la chimie, de l'eau et des papiers-cartons peuvent être consultées sur **www.onisep.fr**. Les formations en apprentissage sont signalées par un **A**.

GESTION DES MILIEUX NATURELS ET DE LA FAUNE

02 Fontaine-les-Vervins LA de la Thiérache 03 23 91 34 00 **Public S**
04 Chaffaut-Saint-Jurson (Le) Lycée de Digne Carmejane 04 92 30 35 70 **Public S**
08 Saint-Laurent LA du Balcon des Ardennes 03 24 57 49 26 **Public S**
09 Pamiers LA 05 34 01 38 00 **Public S**
10 Sainte-Maure Lycée Sainte-Maure 03 25 70 46 80 **Pr Sc S**
11 Narbonne LPA Martin-Luther King Centre P. Reverdy 04 68 41 36 39 **Public S**
12 Saint-Sernin-sur-Rance MFR d'éducation et d'orientation Val Rance 05 65 98 18 60 **Pr Sc S**
13 Saint-Rémy-de-Provence LPA Les Alpilles 04 90 92 03 20 **Public S**
14 Vire LA de Vire 02 31 66 18 10 **Public S**
15 Saint-Flour LPA Louis Mallet 04 71 60 08 45 **Public S**
16 Couronne (La) LA L'Oisellerie 05 45 67 10 04 **Public S**
17 Saint-Genis-de-Saintonge LA Saint-Antoine 05 46 49 80 46 **Pr Sc S**
19 Neuvic LEGTPA Henri Queuille 05 55 95 80 02 **Public S**
20A Sartene LA U. Rizzanese 04 95 77 09 76 **Public S**
22 Quessoy Pôle formation La Ville Davy 02 96 42 52 00 **Pr Sc S**
24 Sigoulès LA 05 53 73 43 60 **Pr Sc S**
25 Besançon LA François-Xavier 03 81 25 01 40 **Pr Sc S**
25 Fins (Les) MFR d'éducation et d'orientation 03 81 67 06 20 **Pr Sc S**
26 Bourg-de-Péage MFR Mondy 04 75 71 18 60 **Pr Sc S**
27 Évreux Lycée horticole 02 32 28 26 32 **Public S**
29 Plomelin Lycée de l'horticulture et du paysage de Kerbernez 02 98 94 42 24 **Pr Sc S**
32 Riscle LPA 05 62 69 72 16 **Public S**
35 Saint-Aubin-du-Cormier LPA La Lande de Rencontre 02 99 45 14 45 **Public S**
38 Vienne LA Agrotec 04 74 85 18 63 **Public S**
38 Saint-Ismier LEGTA Grenoble Saint-Ismier 04 76 52 03 63 **Public S**
38 Vif MFR de Vif 04 76 72 51 48 **Pr Sc S**
39 Montmorot CFA agricole du Jura 03 84 87 20 03 **CFA A**
39 Montmorot LA E. Faure 03 84 87 20 00 **Public S**
40 Sabres LP agricole et forestier 05 58 04 41 80 **Public S**
41 Vendôme LEGTA de Vendôme 02 54 67 44 00 **Public S**
42 Noirétable Lycée forestier de Noirétable 04 77 24 76 00 **Public S**
44 Ancenis Lycée Briacé - site d'Ancenis 02 40 06 43 33 **Pr Sc S**
45 Chaingy MFR de Chaingy 02 38 88 86 29 **Pr Sc S**
46 Cahors Lycée des Territoires 05 65 21 03 67 **Public S**
52 Buxières-les-Villiers MFR 03 25 31 41 03 **Pr Sc S**
53 Ernée LEGTAP Rochefeuille - antenne d'Ernée 02 43 05 00 04 **Pr Sc S**
54 Malzéville LA de Meurthe-et-Moselle 03 83 18 34 00 **Public S**
55 Damvillers MFR 03 29 85 60 54 **Pr Sc S**
56 Pontivy LEAP Saints Anges Kerlebost 02 97 28 99 66 **Pr Sc S**

59 Dunkerque EPLEFPA des Flandres 03 28 58 80 30 **Public S**
59 Sains-du-Nord LEGTA du Nord Charles Naveau 03 27 59 15 54 **Public S**
60 Airion LEGTA d'Airion 03 44 50 84 40 **Public S**
62 Marconne MFR de Valfosse 03 21 06 50 57 **Pr Sc S**
63 Rochefort-Montagne LA 04 73 65 82 89 **Public S**
64 Saint-Pée-sur-Nivelle LA Saint-Christophe 05 59 54 10 81 **Pr Sc S**
64 Oloron-Sainte-Marie Lycée des métiers de la montagne 05 59 39 05 14 **Public S**
68 Wintzenheim LEGTPA du Pflixbourg 03 89 27 06 40 **Public S**
69 Anse MFR 04 74 60 42 22 **Pr Sc S**
70 Aillevillers-et-Lyaumont MFR d'éducation et d'orientation 03 84 49 20 15 **Pr Sc S**
71 Étang-sur-Arroux LPA de la nature et de la forêt - Velet 03 85 86 59 50 **Public S**
72 Ferté-Bernard (La) MFR 02 43 93 60 89 **Pr Sc S**
74 Chavanod Iseta 04 50 69 10 67 **Pr Sc S**
78 Tremblay-sur-Mauldre (Le) Centre horticole d'enseignement et de promotion 01 34 87 99 09 **Pr Sc S**
78 Jouy-en-Josas Tecomah 01 39 67 12 00 **Consulaire S**
79 Melle LA J. Bujault 05 49 27 02 92 **Public S**
79 Niort LPAH 05 49 73 36 61 **Public S**
79 Saint-Loup-Lamaire MFR de Saint Loup Lamairé 05 49 64 60 46 **Pr Sc S**
80 Abbeville LPA de la Baie de Somme 03 22 20 77 66 **Public S**
81 Saint-Amans-Soult LP forestier du Haut-Languedoc 05 63 98 31 10 **Pr Sc S**
83 Hyères CFA horticole et agricole 04 94 00 55 64 **CFA A**
84 Isle-sur-la-Sorgue (L') LPA 04 90 38 03 35 **Public S**
84 Richerenches MFR d'éducation et d'orientation 04 90 28 00 21 **Pr Sc S**
85 Roche-sur-Yon (La) LEGTPA Nature 02 51 09 82 82 **Public S**
86 Montmorillon LPA J.-M. Bouloux 05 49 91 03 97 **Public S**
93 Vaujours Lycée du paysage et de l'environnement 01 49 63 62 17 **Pr Sc S**
974 Saint-Paul LEGTA de Saint-Paul 02 62 45 92 92 **Public S**
976 Coconi CFPPA de Coconi 02 69 62 84 66 **Public A**
988 Pouembout LA de Pouembout 00 687 47 26 44 **Public S**

GESTION DES POLLUTIONS ET PROTECTION DE L'ENVIRONNEMENT

38 Vienne LA Agrotec 04 74 85 18 63 **Public A**
44 Nantes Lycée professionnel privé Saint-Félix - La Salle 02 51 86 36 00 **Pr Sc S**
62 Saint-Omer LP de l'Aa 03 21 12 52 00 **Public A**
74 Cruseilles MFR Les Ebeaux - Cruseilles 04 50 44 10 58 **Pr Sc A**
76 Grand-Couronne LP F. Léger 02 35 67 31 31 **Public S**
93 Aubervilliers LP J.-P. Timbaud 01 48 33 87 88 **Public S**
972 Fort-de-France LP J.-J. Dumas 05 96 61 11 11 **Public S**
973 Rémire-Montjoly SEP du lycée Lama-Prévot 05 94 29 35 25 **Public S**
974 Saint-Louis LP V. Schoelcher 02 62 91 95 95 **Public S**
988 Houaïlou LP J. Vakié- enseignement catholique 00 687 455 235 **Pr Sc S**

HYGIÈNE, PROPRETÉ, STÉRILISATION

01 Bourg-en-Bresse LP G. Voisin 04 74 23 02 55 **Public S**
02 Laon LP J. Daubié 03 23 26 27 28 **Public S**
06 Cagnes-sur-Mer LP A. Escoffier 04 92 13 48 80 **Public S**
06 Grasse LP F. de Croisset 04 92 42 48 60 **Public S**
13 Marseille CFA de la propreté PACA 04 91 11 80 10 **CFA A**
13 Ciotat (La) SEP lycée régional de la Méditerranée 04 42 08 80 20 **Public S**
14 Dives-sur-Mer LP J. Jooris 02 31 91 04 38 **Public S**
19 Brive-la-Gaillarde LP Danton 05 55 87 38 73 **Public S**
24 Périgueux LP L. de Vinci 05 53 02 43 00 **Public S**
25 Audincourt LP N. Mandela 03 81 03 62 20 **Public S**
31 Toulouse CFA de la propreté 05 62 47 65 35 **CFA A**
31 Toulouse LP Myriam 05 61 14 71 47 **Pr Sc S**
33 Pessac CFA Propreté Inhni Sud-Ouest 05 57 26 69 69 **CFA A**
33 Camblanes-et-Meynac LP F. Tristan 05 56 20 77 04 **Public S**
34 Montpellier LP J. Ferry 04 67 10 74 01 **Public S**
34 Montpellier LP L. de Vinci 04 67 10 40 10 **Public S**
35 Bruz CFA de la propreté - Inhni 02 99 26 10 80 **CFA A**
37 Tours CFA de la propreté 02 47 36 45 80 **CFA A**
38 Fontaine LP J. Prévert 04 76 27 25 44 **Public S**
42 Firminy LP A. Camus 04 77 40 17 17 **Public S**
45 Orléans LP P. Gauguin 02 38 69 16 88 **Public S**
49 Angers LP S. Veil 02 41 66 80 31 **Public S**
50 Coutances LP les Sapins 02 33 19 15 70 **Public S**
51 Reims LP Europe 03 26 85 28 33 **Public S**
54 Tomblaine Lycée des métiers des services et du commerce M. Marvingt 03 83 29 90 90 **Public S**
56 Lanester Lycée J. Macé 02 97 76 18 73 **Public S**
58 Nevers LP J. Rostand 03 86 60 36 00 **Public S**
59 Dunkerque LP Ile Jeanty 03 28 58 86 10 **Public S**
59 Wasquehal LP J.-Y. Cousteau 03 20 72 37 59 **Public S**
59 Trith-Saint-Leger LP L. de Vinci 03 27 21 12 90 **Public S**
59 Hautmont LP Placide Courtoy 03 27 63 79 77 **Public S**
59 Tourcoing LP Sévigné 03 20 25 31 43 **Public S**
59 Lille LP privé Epil 03 20 57 38 73 **Pr Sc S**
61 Flers LP 02 33 65 80 40 **Public S**
62 Lens LP A. Béhal 03 21 14 21 14 **Public S**
62 Saint-Omer LP de l'Aa 03 21 12 52 00 **Public S**
62 Calais LP du Détroit 03 21 96 43 83 **Public S**
62 Oignies LP Joliot-Curie 03 21 08 64 80 **Public S**
62 Arras LP Savary - Ferry 03 21 23 83 83 **Public S**
63 Clermont-Ferrand LP M. Curie 04 73 92 41 70 **Public S**
64 Bayonne LP le Guichot 05 59 46 20 00 **Pr Sc S**
67 Haguenau LP A. Siegfried 03 88 73 54 55 **Public S**

CFA : centre de formation d'apprentis
LA : lycée agricole
MFR : maison familiale rurale
Pr Hc : privé hors contrat
Pr Sc : privé sous contrat
A : statut de l'élève apprenti
S : statut de l'élève scolaire

Bacs pro hygiène, propreté, stérilisation (suite)

68 Wittelsheim Lycée A. Zurcher 03 89 57 81 20 **Public S**
69 Vénissieux CFA propreté Rhône-Alpes - Inhni 04 72 78 34 56 **CFA A**
69 Vénissieux LP H. Boucher 04 72 90 03 40 **Public S**
71 Montceau-les-Mines LP F. Dolto 03 85 57 87 87 **Public S**
72 Mans (Le) LP Funay-H. Boucher 02 43 50 12 30 **Public S**
75 Paris LP E. Rostand 01 53 35 81 81 **Public S**
76 Maromme LP B. Palissy 02 32 82 10 20 **Public S**
76 Dieppe SEP du lycée du Golf 02 35 06 93 40 **Public S**
76 Havre (Le) SEP du lycée F. de Grâce 02 35 24 63 40 **Public S**
76 Rouen SEP du lycée Providence Sainte-Thérèse 02 32 08 17 32 **Pr Sc S**
76 Yvetot SEP du lycée R. Queneau 02 35 95 12 66 **Public S**
77 Meaux LP P. de Coubertin 01 64 34 57 27 **Public S**
80 Amiens Lycée E. Gand 03 22 53 41 22 **Public S**
81 Mazamet LP Mazamet - M A Riess 05 63 97 56 56 **Public S**
83 Toulon LP du Parc Saint-Jean 04 94 03 93 93 **Public S**
91 Saint-Michel-sur-Orge Lycée L. de Vinci 01 69 25 08 55 **Public S**
92 Gennevilliers CFA propreté Inhni Ile-de-France (annexe) 01 81 92 11 03 **CFA A**
92 Colombes LP Valmy 01 47 81 34 16 **Public S**
94 Villejuif CFA Inhni 01 46 77 40 40 **CFA A**
95 Argenteuil Lycée F. et N. Léger 01 39 98 43 43 **Public A** ou **S**
971 Moule (Le) LP L. Delgrès 05 90 23 09 70 **Public S**
972 Fort-de-France LP J.-J. Dumas 05 96 61 11 11 **Public S**
973 Rémire-Montjoly Lycée Lama-Prévot 05 94 29 35 25 **Public S**
973 Saint-Laurent-du-Maroni SEP du lycée Lumina Sophie 0594 34 09 40 **Public S**
974 Saint-Denis LP J. de Rontaunay 02 62 90 90 30 **Public S**
974 Saint-Louis LP V. Schoelcher 02 62 91 95 95 **Public S**
987 Papara Lycée de Papara 689 54 76 50 **Public S**
988 Nouméa Lycée commercial et hôtelier A. Escoffier 00 687 27 63 88 **Public S**

TECHNIQUES D'INTERVENTIONS SUR INSTALLATIONS NUCLÉAIRES

08 Givet Lycée général Vauban 03 24 42 09 42 **Public A**
26 Montélimar SEP les Catalins 04 75 00 76 76 **Public S**
30 Bagnols-sur-Cèze Lycée A. Einstein 04 66 90 42 00 **Public A**
33 Blaye LP de l'Estuaire 05 57 42 64 90 **Public S**
45 Gien LP Audoux 02 38 31 70 30 **Public S**
50 Cherbourg-Octeville LP A. de Tocqueville 02 33 88 35 00 **Public A**
52 Saint-Dizier LP B. Pascal 03 25 06 50 50 **Public A** ou **S**
57 Thionville CFA des industries du nucléaire 03 82 53 80 41 **CFA A**
67 Obernai LP P.-E. Victor 03 88 47 64 70 **Public S**
71 Creusot (Le) Lycée L. Blum 03 85 77 67 00 **Public S**
76 Dieppe CFA A. Voisin 02 35 84 22 21 **CFA A**
76 Dieppe LP Émulation Dieppoise 02 35 84 22 21 **Public A** ou **S**

BTS

Liste (classée par départements) des établissements préparant aux brevets de technicien supérieur (BTS) les plus représentatifs de la filière environnement. Les formations en apprentissage sont signalées par un **A**. Pour les spécialités du domaine de l'énergie, consulter **www.onisep.fr**.

BIO-ANALYSES ET CONTRÔLES

01 Ambérieu-en-Bugey Lycée de la Plaine de l'Ain 04 74 38 17 24 **Public S**
06 Grasse LEGT A. de Tocqueville 04 93 09 80 92 **Public S**
07 Annonay Lycée Saint-Denis 04 75 69 28 00 **Pr Sc S**
13 Marseille Lycée M. Curie 04 91 36 52 10 **Public S**
14 Caen Lycée J. Rostand 02 31 52 19 40 **Public S**
17 La Rochelle Lycée R.-J. Valin 05 46 44 27 48 **Public S**
18 Bourges Lycée J. Coeur 02 48 67 83 00 **Public S**
21 Dijon Lycée Le Castel 03 80 76 70 00 **Public S**
27 Évreux Lycée L. Sédar-Senghor 02 32 28 81 81 **Public S**
31 Balma Lycée Saliège 05 61 24 78 40 **Pr Sc S**
33 Bordeaux Lycée Saint-Louis 05 56 69 35 95 **Public S**
34 Montpellier Lycée J. Mermoz 04 67 20 60 00 **Public S**
37 Tours Lycée Marmoutier 02 47 88 35 35 **Pr Sc S**
38 Grenoble Lycée L. Michel 04 38 12 36 00 **Public S**
42 Saint-Étienne Lycée H. d'Urfé 04 77 57 38 58 **Public S**
49 Angers Lycée J. Moulin 02 41 96 63 60 **Public S**
51 Reims Lycée Libergier 03 26 77 61 61 **Public A** ou **S**
56 Lanester Lycée J. Macé 02 97 76 18 73 **Public S**
57 Metz Lycée G. de la Tour 03 87 66 98 35 **Public S**
59 La Madeleine Lycée V. Labbé 03 20 63 02 63 **Public A** ou **S**
59 Valenciennes Lycée de l'Escaut 03 27 22 11 11 **Public S**
62 Arras Lycée Baudimont Saint-Charles 03 21 16 18 00 **Pr Sc S**
64 Lescar Lycée J. Monod 05 59 77 92 00 **Public S**
67 Strasbourg Lycée J. Rostand 03 88 14 43 50 **Public S**
69 Lyon Lycée J.-B. de La Salle 04 72 10 10 30 **Pr Sc S**
72 Le Mans Lycée Notre-Dame 02 43 85 01 01 **Pr Sc S**
74 Thonon-les-Bains Lycée Saint-Joseph 04 50 71 34 43 **Pr Sc S**
75 Paris AFBB 01 48 78 28 24 **Pr Hc A** ou **S**
75 Paris École supérieure des techniques de biologie appliquée 01 43 71 47 40 **Pr Sc A** ou **S**
75 Paris ENCPB 01 44 08 06 50 **Public S**
75 Paris ETSL 01 45 83 76 34 **Pr Sc S**
76 Franqueville-Saint-Pierre Lycée Galilée 02 35 79 40 40 **Public S**
77 Avon Lycée Uruguay France 01 60 74 50 60 **Public S**
78 Saint-Germain-en-Laye Lycée J.-B. Poquelin 01 30 87 44 00 **Public S**
80 Amiens Lycée J.-B. Delambre 03 22 66 30 60 **Public S**
83 Toulon Lycée Notre-Dame 04 94 27 31 28 **Pr Sc S**
87 Limoges Lycée R. Dautry 05 55 33 46 82 **Public S**

94 Vincennes Lycée G. Mendel 01 49 57 97 00 **Pr Sc S**
972 Fort-de-France Lycée Bellevue 05 96 61 50 14 **Public S**
974 Saint-Paul Lycée Saint-Paul IV 02 62 33 06 50 **Public S**

BIOTECHNOLOGIES

06 Cannes LEGT J. Ferry 04 93 06 52 00 **Public S**
12 Decazeville LEGT 05 65 43 61 61 **Public S**
13 Marseille LT de chimie biologie 04 91 44 60 48 **Pr Sc S**
13 Marseille Lycée M. Curie 04 91 36 52 10 **Public S**
30 Nîmes Lycée A. Camus 04 66 62 91 71 **Public S**
33 Bordeaux Lycée Saint-Louis 05 56 69 35 95 **Public S**
34 Montpellier Lycée J. Mermoz 04 67 20 60 00 **Public S**
43 Le Puy-en-Velay Lycée S. Weil 04 71 05 66 66 **Public S**
44 Nantes Groupe Talensac Jeanne Bernard 02 51 72 95 10 **Pr Sc S**
45 Saint-Jean-de-Braye Lycée J. Monod 02 38 55 72 30 **Public S**
54 Villers-lès-Nancy Lycée polyvalent Stanislas 03 83 91 35 35 **Public S**
59 La Madeleine Lycée V. Labbé 03 20 63 02 63 **Public S**
67 Strasbourg Lycée J. Rostand 03 88 14 43 50 **Public S**
69 Lyon Lycée La Martinière Duchère 04 72 17 29 50 **Public S**
70 Luxeuil-les-Bains Lycée Lumière 03 84 40 21 21 **Public S**
75 Paris École supérieure des techniques de biologie appliquée 01 43 71 47 40 **Pr Sc S**
75 Paris ENCPB 01 44 08 06 50 **Public S**
91 Gif-sur-Yvette Lycée de la vallée de Chevreuse 01 69 18 87 00 **Public S**
92 Gennevilliers Lycée Galilée 01 47 33 30 20 **Public S**

CHIMISTE

03 Montluçon Lycée P. Constans 04 70 08 19 30 **Public S**
06 Nice LEGT Lycée des métiers de la chimie Maulnier 04 93 18 00 50 **Public S**
13 Marseille LT de chimie biologie 04 91 44 60 48 **Pr Sc S**
13 Marseille Lycée J. Perrin 04 91 74 29 30 **Public S**
28 Chartres Lycée Notre-Dame 02 37 34 16 53 **Pr Sc**
30 Bagnols-sur-Cèze LP Sainte-Marie 04 66 39 58 39 **Pr Sc A**
31 Toulouse Lycée D. de Séverac 05 62 13 17 00 **Public S**
33 Bordeaux Lycée Saint-Louis 05 56 69 35 95 **Public S**
38 Grenoble Lycée polyvalent André Argouges 04 76 44 48 05 **Public A**
44 Nantes LEGT Saint-Félix - La Salle 02 44 76 35 00 **Pr Sc A**
45 Gien Lycée Saint-François de Sales 02 38 67 16 81 **Pr Sc S**
49 Angers ETSCO 02 41 88 98 33 **Pr Sc S**
51 Reims Lycée Libergier 03 26 77 61 61 **Public S**
57 Metz Lycée L. Vincent 03 87 66 48 22 **Public S**
59 Armentières Lycée G. Eiffel 03 20 48 43 43 **Public A** ou **S**
59 Valenciennes Lycée de l'Escaut 03 27 22 11 11 **Public S**
60 Nogent-sur-Oise Lycée M. Curie 03 44 74 31 31 **Public S**
62 Calais Lycée L. de Vinci 03 21 19 07 21 **Public S**
64 Mourenx Lycée A. Camus 05 59 60 11 61 **Public S**
65 Tarbes Lycée Pradeau-La Sède Saint-Pierre 05 62 44 20 66 **Pr Sc S**
68 Mulhouse Lycée L. de Lavoisier 03 89 42 29 95 **Public S**
69 Lyon Lycée La Martinière Diderot - site Terreaux 04 37 40 87 37 **Public A** ou **S**
71 Chalon-sur-Saône Lycée Nicéphore Niépce 03 85 97 96 00 **Public S**
75 Paris ENCPB 01 44 08 06 50 **Public S**
75 Paris ETSL 01 45 83 76 34 **Pr Sc S**
76 Le Havre Lycée Schuman-Perret 02 35 13 49 00 **Public S**
78 Verneuil-sur-Seine Lycée Notre-Dame Les Oiseaux 01 39 28 15 00 **Pr Sc S**
92 Gennevilliers Lycée Galilée 01 47 33 30 20 **Public A** ou **S**
94 Saint-Maur-des-Fossés Lycée d'Arsonval 01 48 83 98 43 **Public S**
971 Baie-Mahault Lycée C. Coeffin 05 90 38 94 00 **Public S**

CONTRÔLE DES RAYONNEMENTS IONISANTS ET APPLICATIONS TECHNIQUES DE PROTECTION

13 Saint-Paul-les-Durance INSTN 04 42 25 79 35 **Public A**
57 Thionville CFA des industries du nucléaire 03 82 53 80 41 **Public A**

ENVIRONNEMENT NUCLÉAIRE

26 Montélimar Lycée les Catalins 04 75 00 76 76 **Public S**
30 Bagnols-sur-Cèze Lycée A. Einstein 04 66 90 42 00 **Public A**
33 Reignac Centre de formation multimétiers de la Haute-Gironde Guy Mazaubert 05 57 42 66 22 **Public A**
52 Saint-Dizier CFA de l'industrie de Champagne-Ardenne (CFAI) 03 25 07 52 00 **Consulaire A**
52 Saint-Dizier LP B. Pascal 03 25 06 50 50 **Public A**
52 Saint-Dizier Lycée B. Pascal 03 25 06 50 55 **Public S**
57 Thionville CFA des industries du nucléaire 03 82 53 80 41 **Public A**
67 Obernai CFA du lycée P.-E. Victor 03 88 47 64 69 **Public A**
71 Le Creusot Lycée L. Blum 03 85 77 67 00 **Public S**
76 Dieppe Lycée P. Neruda 02 35 06 55 00 **Public S**

GÉOLOGIE APPLIQUÉE

38 Montalieu-Vercieu CFA Unicem 04 74 88 48 76 **A**
54 Nancy Lycée Henri Loritz 03 83 36 75 42 **Public A** ou **S**

MÉTIERS DE L'EAU

04 Digne-les-Bains Lycée P.-G. de Gennes 04 92 36 71 90 **Public S**
13 Istres LP P. Latécoère 04 42 41 19 50 **Public A**
15 Mauriac Lycée 04 71 68 05 33 **Public A**
17 Saintes CDFAA 17 Desclaude 05 46 93 28 79 **Public A**
22 Guingamp Lycée Notre-Dame 02 96 40 21 50 **Pr Sc S**
30 Bagnols-sur-Cèze LP Sainte-Marie 04 66 39 58 39 **Pr Sc A**
39 Dole Lycée J. Duhamel 03 84 79 78 00 **Public A**
40 Dax Lycée de Borda 05 58 58 12 34 **Public S**

CFA : centre de formation d'apprentis
LA : lycée agricole
MFR : maison familiale rurale
Pr Hc : privé hors contrat
Pr Sc : privé sous contrat
A : apprentissage proposé

BTS métiers de l'eau (suite)

42 Saint-Étienne Lycée La Salle (sup) 04 77 43 54 30 **Pr Sc S**
49 Angers ETSCO 02 41 88 98 33 **Pr Sc A** ou **S**
50 Tourlaville LP Sauxmarais 02 33 22 40 54 **Public S**
54 Nancy CFA - Université de Lorraine 03 83 68 28 70 **Public A**
54 Tomblaine Lycée Arthur Varoquaux 03 83 29 28 35 **Public S**
58 Cosne-Cours-sur-Loire Lycée P.-G. de Gennes 03 86 28 23 45 **Public A** ou **S**
60 Compiègne Lycée M. Grenet 03 44 92 28 00 **Public S**
62 Longuenesse Lycée B. Pascal cité scolaire 03 21 98 28 66 **Public A**
73 Chambéry Lycée L. Armand 04 79 72 30 30 **Public S**
75 Paris ENCPB 01 44 08 06 50 **Public S**
86 Poitiers Lycée Saint-Jacques de Compostelle 05 49 61 60 60 **Pr Sc S**
95 Jouy-le-Moutier CFA Institut de l'environnement urbain 01 34 32 78 00 **A**
972 Le Lorrain Lycée J. Pernock 05 96 53 42 23 **Public S**
973 Rémire-Montjoly Lycée Lama-Prévot 05 94 29 35 25 **Public A**
973 Rémire-Montjoly SEP du lycée Lama-Prévot 05 94 29 35 25 **Public S**
987 Papeete Lycée La Mennais 689 47 14 00 Pr Sc **S**

MÉTIERS DES SERVICES À L'ENVIRONNEMENT

13 Marseille CFA de la propreté PACA 04 91 11 80 10 **A**
21 Dijon CFA St-Joseph 03 80 59 20 14 **A**
31 Toulouse CFA de la propreté 05 62 47 65 35 **A**
33 Pessac CFA propreté Inhni Sud-Ouest 05 57 26 69 69 **A**
35 Bruz CFA de la propreté - Inhni 02 99 26 10 80 **A**
37 Tours CFA de la propreté 02 47 36 45 80 **A**
54 Nancy CFA - Université de Lorraine 03 83 68 28 70 **Public A**
56 Lanester Lycée J. Macé 02 97 76 18 73 **Public S**
59 Lille Lycée F. Ozanam 03 20 21 96 50 **Pr Sc S**
62 Arras LP Savary - Ferry 03 21 23 83 83 **Public S**
68 Wittelsheim Lycée A. Zurcher 03 89 57 81 20 **Public A**
69 Charbonnières-les-Bains Lycée B. Pascal 04 72 38 15 70 **Public S**
69 Vénissieux CFA Propreté Rhône-Alpes - Inhni 04 72 78 34 56 **A**
71 Montceau-les-Mines Lycée H. Parriat 03 85 67 92 30 **Public S**
75 Paris Lycée F. Rabelais 01 53 09 13 00 **Public S**
76 Le Havre Lycée F. de Grâce 02 35 24 63 40 **Public S**
78 Mantes-la-Ville CFA Itedec 01 39 29 23 00 **Consulaire A**
80 Amiens CFA Interfor-SIA 03 22 82 00 00 **Consulaire A**
81 Mazamet LP M.-A. Riess 05 63 97 56 56 **Public S**
84 Avignon Lycée R. Char 04 90 88 04 04 **Public S**
92 Colombes LP Valmy 01 47 81 34 16 **Public S**
94 Villejuif CFA Inhni 01 46 77 40 40 **A**
972 Fort-de-France LP J.-J. Dumas 05 96 61 99 10 **Public S**
972 Rivière-Salée CFA de la Chambre de métiers et de l'artisanat 05 96 68 09 14 **Consulaire A**
974 Saint-Denis LP J. de Rontaunay (SEGT) 02 62 90 90 30 **Public S**
974 Saint-Denis Urma, Centre de formation de Sainte-Clotilde 02 62 28 18 30 **Consulaire A**

BTSA

Liste (classée par départements) des établissements préparant aux brevets de technicien supérieur agricole (BTSA) les plus représentatifs de la filière environnement. Les formations en apprentissage sont signalées par un A. Pour la spécialité aménagements paysagers, consulter **www.onisep.fr**.

ANALYSES AGRICOLES, BIOLOGIQUES ET BIO-TECHNOLOGIQUES (ANABIOTEC)

11 Lasbordes LA de la Raque 04 68 94 90 28 **Pr Sc S**
12 Rodez Lycée agricole La Roque 05 65 77 75 00 **Public S**
12 Villefranche-de-Rouergue CFA agricole de l'Aveyron 05 65 81 16 76 **Public A**
21 Plombières-les-Dijon CFA Plombières-lès-Dijon 03 80 53 13 21 **Public A**
25 Mamirolle École d'industrie laitière 03 81 55 92 00 **Public S**
26 Châteauneuf-de-Galaure Lycée les Mandailles 04 75 68 61 22 **Pr Sc S**
31 Castanet-Tolosan LA 05 61 00 30 70 **Public S**
33 Blanquefort LEGTA de Blanquefort 05 56 35 56 35 **Public S**
38 Moirans MFR de Moirans 04 76 35 41 60 **Pr Sc S**
41 Blois CFA agricole du Loir-et-Cher 02 54 56 49 05 **Public A**
41 Vendôme LEGTA de Vendôme 02 54 67 44 00 **Public S**
43 Vals-près-le-Puy ISVT 04 71 02 56 78 **Pr Sc S**
47 Sainte-Livrade-sur-Lot LEGTA Étienne Restat 05 53 40 47 00 **Public S**
50 Le Hommet-d'Arthenay LA de St-Lô Thère 02 33 77 80 80 **Public S**
51 Thillois LA de Reims-Thillois 03 26 08 04 10 **Pr Sc S**
53 Evron LP Orion 02 43 01 62 30 **Pr Sc S**
56 Pontivy LEGTA Le Gros Chêne 02 97 25 93 10 **Public S**
56 Saint-Jacut-les-Pins LEGTP des Pays de Vilaine (ISSAT) 02 99 91 23 22 **Pr Sc S**
59 Douai LA public du Nord 03 27 99 75 55 **Public S**
64 Hasparren CFA agricole des Pyrénées-Atlantiques 05 59 29 15 10 **Public A**
69 Saint-Genis-Laval Lycée agricole et agroalimentaire A. Paillot 04 78 56 75 75 **Public A** ou **S**
74 La Roche-sur-Foron LEGTA-ENILV 04 50 03 01 03 **Public S**
76 Yvetot CFA agricole de Seine-Maritime 02 35 95 51 10 **Public A**
76 Yvetot LA et agroalimentaire 02 35 95 94 80 **Public S**
79 Bressuire CDFAA 79 Les Sicaudières 05 49 65 24 11 **Public A**
79 Melle LA J. Bujault 05 49 27 02 92 **Public S**
80 Corbie LA Sainte-Colette 03 22 96 36 36 **Pr Sc S**
80 Cottenchy LEGTA d'Amiens 03 22 35 30 00 **Public S**
85 Fontenay-le-Comte LEGTA Bel Air 02 51 50 11 44 **Public S**
89 Venoy Lycée agricole d'Auxerre-la Brosse 03 86 94 60 00 **Public S**

GESTION ET MAÎTRISE DE L'EAU

06 Antibes CFPPA pôle de formation continue et par apprentissage 04 92 91 02 33 **Public A**

10 Sainte-Maure Lycée Sainte-Maure 03 25 70 46 80 **Pr Sc S**
11 Lasbordes LA de la Raque 04 68 94 90 28 **Pr Sc S**
13 Miramas LA Fontlongue 04 90 58 18 46 **Pr Sc S**
14 Saint-Pierre-sur-Dives LA Le Robillard 02 31 42 61 10 **Public S**
17 Saintes LA G. Desclaude 05 46 93 31 22 **Public S**
23 Ahun Centre de formation professionnelle et de promotion agricole 05 55 81 48 90 **Public**
23 Ahun CFAA 05 55 81 48 91 **Public A**
23 Ahun LA Ahun 05 55 81 48 80 **Public S**
25 Mamirolle École d'industrie laitière 03 81 55 92 00 **Public S**
27 Gouville CFA agricole de l'Eure 02 32 35 61 90 **Public A**
27 Gouville LA E. de Chambray 02 32 35 61 70 **Public S**
30 Rodilhan CFA agricole 04 66 20 33 09 **Public A**
30 Rodilhan LEGTPA de Rodilhan 04 66 20 67 67 **Public S**
33 Villenave-d'Ornon Isnab 05 56 84 47 90 **Pr Sc S**
35 Le Rheu LEGTA T. Monod 02 99 29 73 45 **Public A** ou **S**
37 Fondettes LEGTA 02 47 42 01 06 **Public S**
38 Vienne LA Agrotec 04 74 85 18 63 **Public A** ou **S**
40 Oeyreluy CFA agricole et horticole des Landes 05 58 98 70 33 **Public A**
40 Oeyreluy LEGTA Hector Serres 05 58 98 70 33 **Public S**
42 Saint-Étienne MFR de Saint-Étienne 04 77 47 82 50 **Pr Sc S**
43 Vals-près-le-Puy ISVT 04 71 02 56 78 **Pr Sc S**
44 Saint-Gildas-des-Bois LEAP G. Deshayes 02 40 00 76 76 **Pr Sc S**
45 Orléans CFSA 02 38 22 13 00 **Public A**
48 La Canourgue LEGTA 04 66 32 83 54 **Public S**
57 Courcelles-Chaussy LA et horticole 03 87 64 00 17 **Public S**
58 Nevers LEGTA de Nevers-Cosne - site de Challuy 03 86 21 66 00 **Public S**
59 Douai CFA agricole public du Nord - site de Douai 03 27 99 75 62 **Public A**
59 Douai LA public du Nord 03 27 99 75 55 **Public S**
67 Obernai CFA agricole du Bas-Rhin 03 88 49 99 20 **Public A**
67 Obernai LEGTA d'Obernai 03 88 49 99 49 **Public S**
69 Limonest Lycée Sandar 04 78 35 11 30 **Pr Sc S**
74 Poisy Iseta 04 50 46 20 26 **Pr Sc A**
75 Paris LP NL Vauquelin 01 40 77 00 60 **Public A**
78 Jouy-en-Josas Tecomah 01 39 67 12 00 **Consulaire S**
80 Cottenchy LEGTA d'Amiens 03 22 35 30 00 **Public S**
81 Albi LA de Fonlabour 05 63 49 43 70 **Public A** ou **S**
85 La Roche-sur-Yon EAP Les Etablières 09 70 80 82 21 **Pr Sc S**
974 Saint-Paul LEGTA de Saint-Paul 02 62 45 92 92 **Public S**

GESTION ET PROTECTION DE LA NATURE

02 Chauny LA R. Schuman 03 23 39 17 17 **Pr Sc S**
07 Aubenas LA O. de Serres 04 75 35 17 55 **Public S**
08 Saint-Laurent LA du Balcon des Ardennes 03 24 57 49 26 **Public S**
11 Carcassonne LA Charlemagne 04 68 11 91 19 **Public S**
12 Saint-Sernin-sur-Rance MFR d'éducation et d'orientation Val Rance 05 65 98 18 60 **Pr Sc S**
13 Aix-en-Provence Cours Diderot 04 42 52 35 10 **Pr Hc S**
13 Gardanne LA d'Aix-Valabre 04 42 65 43 20 **Public S**
19 Neuvic LEGTPA Henri Queuille 05 55 95 80 02 **Public S**
20A Sartene LA U. Rizzanese 04 95 77 09 76 **Public S**
22 Pommerit-Jaudy LA Pommerit 02 96 91 35 63 **Pr Sc A**
24 Coulounieix-Chamiers LEGTA La Peyrouse 05 53 02 62 00 **Public S**
26 Bourg-de-Péage MFR Mondy 04 75 71 18 60 **Pr Sc S**
29 Morlaix Lycée de Suscinio 02 98 72 03 22 **Public S**
31 Toulouse Cours Diderot 05 61 34 36 36 **Pr Hc S**
32 Masseube Campus privé La Salle Saint-Christophe 05 62 66 98 20 **Pr Sc S**
34 Montpellier Cours Diderot 04 67 92 09 10 **Pr Hc S**
34 Montpellier Pôle Sup 04 67 60 88 19 **Pr Hc S**
35 Saint-Aubin-du-Cormier LP agricole la Lande de Rencontre 02 99 45 14 45 **Public A**
38 La Côte-Saint-André CFPPA de La Côte-Saint-André 04 74 20 44 66 **Public A**
38 Vienne LA Agrotec 04 74 85 18 63 **Public S**
39 Montmorot CFA agricole du Jura 03 84 87 20 03 **Public A**
39 Montmorot LA E. Faure 03 84 87 20 00 **Public S**
41 Vendôme LEGTA de Vendôme 02 54 67 44 00 **Public S**
44 Le Landreau LAP Briacé 02 40 06 43 33 **Pr Sc S**
45 Amilly LEGTA le Chesnoy - Les Barres 02 38 89 80 00 **Public S**
48 Saint-Chély-d'Apcher LEGTA de la Lozère site rabelais 04 66 42 61 50 **Public S**
49 Angers ESA Angers 02 41 23 55 55 **Pr Sc S**
54 Malzéville LA de Meurthe-et-Moselle 03 83 18 34 00 **Public S**
56 Auray LA Kerplouz 02 97 24 34 40 **Pr Sc S**
61 Sees LA A. Loutreuil 02 33 81 74 00 **Public S**
62 Rollancourt CFA des métiers ruraux 03 21 04 81 06 **Pr Sc A**
62 Tilloy-lès-Mofflaines LA du Pas-de-Calais - site d'Arras 03 21 60 73 00 **Public S**
63 Lempdes Eduter-CNPR Agrosup Dijon 04 73 83 36 00 **Public S**
63 Rochefort-Montagne LA 04 73 65 82 89 **Public S**
64 Saint-Palais Lycée J. Errecart 05 59 65 70 77 **Pr Sc S**
64 Saint-Pée-sur-Nivelle LA Saint-Christophe 05 59 54 10 81 **Pr Sc S**
65 Vic-en-Bigorre LA J. Monnet 05 62 31 80 00 **Public S**
69 Lyon IET (groupe Idrac) 04 72 85 72 24 **Pr reconnu S**
72 La Ferté-Bernard MFR 02 43 93 60 89 **Pr Sc A**
74 Poisy Iseta 04 50 46 20 26 **Pr Sc S**
74 Thônes Centre de formation aux métiers de la montagne 04 50 02 00 79 **Pr Sc S**
75 Paris Cours Diderot 01 49 23 75 75 **Pr Hc S**
76 Saint-Georges-sur-Fontaine MFR Coqueréaumont 02 35 34 71 22 **Pr Sc A**

CFA: centre de formation d'apprentis
LA: lycée agricole
MFR: maison familiale rurale
Pr Hc: privé hors contrat
Pr Sc: privé sous contrat
A: statut de l'élève apprenti
S: statut de l'élève scolaire

BTSA gestion et protection de la nature (suite)

78 Le Tremblay-sur-Mauldre Centre horticole d'enseignement et de promotion 01 34 87 99 09 **Pr Sc S**
78 Trappes ISE 01 30 68 09 10 **Pr Hc S**
79 Melle LA J. Bujault 05 49 27 02 92 **Public S**
85 La Roche-sur-Yon LEGTPA Nature 02 51 09 82 82 **Public S**
87 Limoges Géonat 05 55 31 67 71 **Pr Hc S**
88 Roville-aux-Chênes CFA de l'horticulture et du paysage 03 29 65 33 92 **A**
88 Roville-aux-Chênes École d'horticulture et du paysage 03 29 65 11 04 **Pr Sc S**
973 Macouria LEGTA de Matiti 05 94 38 76 26 **Public S**
974 Saint-Paul LEGTA de Saint-Paul 02 62 45 92 92 **Public S**

GESTION FORESTIÈRE

10 Chaource Lycée forestier de Crogny 03 25 40 10 02 **Public S**
15 Aurillac CFA agricole et forestier 04 71 46 26 90 **Public A**
19 Meymac Centre de formation professionnelle de promotion agricole 05 55 46 02 00 **Public A** ou **S**
19 Meymac LEGTPA Meymac 05 55 46 09 09 **Public A**
20A Sartene LA U. Rizzanese 04 95 77 09 76 **Public S**
22 Loudéac MFR 02 96 28 02 27 **Pr Sc A**
25 Besançon CFA agricole du Doubs 03 81 41 96 40 **Public A**
26 Montélimar CEFA 04 75 01 34 94 **Pr Sc S**
29 Lopérec LEAP le Nivot 02 98 81 10 04 **Pr Sc S**
33 Bazas LEGTA de Bazas Terres de Gascogne 05 56 25 00 59 **Public A** ou **S**
42 Noirétable Lycée forestier de Noirétable 04 77 24 76 00 **Public A**
43 Fontannes LEGTA de Brioude Bonnefont 04 71 74 57 57 **Public S**
45 Amilly LEGTA Le Chesnoy - Les Barres 02 38 89 80 00 **Public S**
48 Javols MFR 04 66 42 84 21 **Pr Sc A**
63 Lempdes Eduter-CNPR Agrosup Dijon 04 73 83 36 00 **Public S**
72 Rouillon LA Le Mans 02 43 47 82 00 **Public S**
74 Poisy Iseta 04 50 46 20 26 **Pr Sc S**
76 Mesnières-en-Bray Lycée horticole et forestier St-Joseph 02 35 93 10 04 **Pr Sc S**
81 Lavaur LP agricole 05 63 42 38 00 **Public A**
81 Saint-Amans-Soult LP forestier du Haut-Languedoc 05 63 98 31 10 **Pr Sc A**

88 Mirecourt CFA agricole et forestier des Vosges 03 29 37 49 77 **Public A**
88 Mirecourt LA et forestier des Vosges 03 29 37 80 30 **Public S**

DUT

Liste (classée par départements) des instituts universitaires de technologie (IUT) préparant aux diplômes universitaires de technologie (DUT) les plus représentatifs de la filière environnement. Pour les spécialités du domaine de l'énergie, consulter **www.onisep.fr**.
Les formations en apprentissage sont signalées par un **A**.

CHIMIE

Opt. 1: chimie analytique et de synthèse
Opt. 2: chimie industrielle
13 Marseille IUT 04 91 28 93 00 **opt. 1: S, opt. 2: A** ou **S**
25 Besançon IUT 03 81 66 68 21 (ou 22) **opt. 1: S**
34 Montpellier IUT 04 99 58 50 40 **opt. 1: S**
34 Sète IUT Montpellier II 04 67 51 71 00 **opt. 1: S**
35 Rennes IUT 02 23 23 40 00 **opt. 1: S, opt 2: S**
38 Grenoble IUT 1 (site Grenoble - Gambetta) 04 56 52 02 02 **opt. 1: S**
45 Orléans IUT 02 38 49 44 96-97 **opt. 1: S**
57 Saint-Avold IUT de Moselle-Est 03 87 93 91 00 **opt. 1: A** ou **S**
59 Villeneuve-d'Ascq IUT A 03 59 63 21 00 ou 04 **opt. 1: A** ou **S AS**
62 Béthune IUT de Béthune 03 21 63 23 00 **opt. 1: A** ou **S, opt 2: S**
67 Illkirch-Graffenstaden IUT R Schuman 03 68 85 89 10 **opt. 1: S**
69 Villeurbanne IUT Lyon 1 (site La Doua) 04 72 69 20 00 **opt. 1: S AS**
72 Le Mans IUT du Mans 02 43 83 34 11 **opt. 1: S**
76 Mont-Saint-Aignan IUT 02 35 14 60 14 **opt. 1: S**
81 Castres IUT P. Sabatier 05 63 62 11 50 **opt. 1: S**
86 Poitiers IUT 05 49 45 34 00 **opt. 1: S, opt 2: S**
91 Orsay IUT d'Orsay 01 69 33 60 00 **opt. 1: S** ou **A AS**
94 Vitry-sur-Seine IUT site Vitry 01 45 17 17 01 **opt. 1: A** ou **S**

GÉNIE BIOLOGIQUE, option génie de l'environnement

04 Digne-les-Bains IUT de Provence 04 13 55 12 55 **S**
14 Caen IUT 02 31 56 70 00 **S**
15 Aurillac IUT de Clermont-Ferrand - Aubière 04 71 46 86 10 **S**
20B Corte IUT 04 95 61 16 52 **A** ou **S**
29 Brest IUT 02 98 01 60 50 **S**
37 Tours IUT 02 47 36 75 81 **A** ou **S**
42 Saint-Étienne IUT Saint-Étienne 04 77 46 33 00 **S**
57 Yutz IUT de Thionville 03 82 82 06 00 **S**
62 Boulogne-sur-Mer IUT du Littoral 03 21 99 45 02 **S**
66 Perpignan IUT 04 68 66 24 04 **S AS**
67 Schiltigheim IUT L. Pasteur 03 68 85 25 72 **S**
83 La Garde IUT de Toulon Site de La Garde 04 94 14 22 08 **S**
85 La Roche-sur-Yon IUT 02 51 47 84 40 **S**
95 Cergy IUT site Saint-Martin 01 34 25 75 46 **S**
974 Saint-Pierre IUT de Saint-Pierre 02 62 96 28 70 **S**

GÉNIE CHIMIQUE, GÉNIE DES PROCÉDÉS

Opt. 1: bio-procédés
Opt. 2: procédés
02 Saint-Quentin IUT de l'Aisne 03 23 50 36 96 **opt. 2: S**
11 Narbonne IUT de Perpignan 04 68 90 91 01 **opt. 1: S**
13 Marseille IUT 04 91 28 93 00 **opt. 1: S**
14 Caen IUT 02 31 56 70 00 **opt. 1: S**
24 Périgueux IUT de Périgueux 05 53 02 58 58 **opt. 1: S**
31 Toulouse IUT A P. Sabatier 05 62 25 80 30 **opt. 2: S**
44 Saint-Nazaire IUT 02 40 17 81 59 **opt. 1: S, opt. 2: S**
54 Villers-lès-Nancy IUT Nancy-Brabois 03 83 68 24 51 **opt. 1: S, opt. 2: S**
56 Pontivy IUT de Lorient - antenne de Pontivy 02 97 27 67 70 **opt. 1: S**
69 Villeurbanne IUT Lyon 1 (site La Doua) 04 72 69 20 00 **opt. 2: S**
76 Mont-Saint-Aignan IUT 02 35 14 60 14 **opt. 2: S**
78 Rambouillet IUT de Vélizy (site de Rambouillet) 01 30 46 58 20 **opt. 1: S**

HYGIÈNE, SÉCURITÉ, ENVIRONNEMENT

08 Charleville-Mézières IUT 03 24 59 75 40 **S**
13 La Ciotat IUT d'Aix-en-Provence 04 42 98 08 60 **S**
14 Vire IUT antenne de Vire 02 31 66 28 60 **S**
19 Tulle IUT 05 55 20 59 70 **S**
20B Corte IUT 04 95 61 16 52 **A** ou **S**
32 Auch IUT 05 62 61 63 00 **S**
33 Gradignan IUT de Bordeaux - Site de Gradignan 05 56 84 57 21 **A** ou **S**
56 Lorient IUT 02 97 87 28 05 **A** ou **S**
60 Creil IUT de l'Oise 03 44 64 46 46 **A** ou **S**
68 Colmar IUT 03 89 20 23 58 **A** ou **S**
69 Bron IUT Lumière 04 78 77 24 50 **A** ou **S**
70 Vesoul IUT 03 84 75 95 00 **S**
76 Le Havre IUT 02 32 74 46 00 **S**
78 Mantes-la-Jolie IUT de Mantes-en-Yvelines 01 30 98 13 62 **A**
79 Niort IUT 05 49 79 99 00 **S**
93 Saint-Denis IUT de Saint-Denis 01 49 40 61 00 **A** ou **S**
972 Schoelcher IUT - Pôle Martinique; CNAM de la Martinique; CFA de la CCI Martinique, 05 96 72 73 65 **A** ou **S**

DEUST

Le diplôme d'études universitaires scientifiques et techniques se prépare à l'université en 2 ans après le bac. Centré sur une offre d'emploi locale, il permet cependant une poursuite d'études en licence professionnelle.

- Environnement et déchets: Univ. Lille 1 Villeneuve-d'Ascq
- Géosciences appliquées: mines, eau, environnement: Univ. de Nouvelle-Calédonie Nouméa
- Gestion et aménagement de l'environnement et du littoral: Univ. du Littoral Calais
- Guide nature multilingue: Univ. Lille 1 Villeneuve-d'Ascq
- Médiations citoyennes: éducation, culture, social, environnement: Unistra Strasbourg
- Santé, environnement, techniques industrielles et commerciales: Univ. Lille 2 Lille

LICENCES PRO

Liste des licences professionnelles les plus représentatives de la filière environnement avec, pour chacune, l'université qui y prépare. Les formations en apprentissage sont signalées par un **A**. Pour les spécialités du domaine de l'énergie, consulter aussi www.onisep.fr.

AMÉNAGEMENT, DÉVELOPPEMENT DURABLE, TOURISME

Aménagement du paysage spécialité:

- aménagement arboré et forestier: LEGTPA Meymac Meymac, Univ. de Limoges Limoges, Univ. de Limoges Meymac
- conduite et suivi de projets paysagers et environnementaux: Univ. de Nantes Nantes
- coordonnateur de projets: patrimoine naturel et paysages littoraux: Univ. de Bretagne occidentale Brest

Aménagement du territoire et urbanisme spécialité:

- agent de développement durable animation et coordination de démarches type Agenda 21: Univ. B. Pascal Clermont-Ferrand
- aménagement et géomatique: Lycée Dorian Paris, Univ. Paris-Sorbonne Paris **A**, Univ. Paris-Sorbonne Paris
- animateur technique de bassin versant: Univ. du Havre Le Havre
- chargé de mission ville et développement durable: Unistra Strasbourg
- chargé de projet milieux aquatiques et eaux pluviales: LA Agrotec Vienne **A**, Univ. Lyon 2 Bron **A**
- conseiller technique en hydraulique: CFPPA de La Côte-Saint-André La Côte-Saint-André **A**, Univ. Grenoble 1 Saint-Martin-d'Hères **A**
- coordinateur de l'action touristique locale et du développement durable des territoires: Univ. Paris-Ouest La Défense Nanterre
- eaux fluviales et aménagement durable de l'espace: LA public du Nord Douai, Univ. d'Artois Lens
- gestion durable des eaux pluviales dans l'aménagement des espaces: Univ. Paris-Sud Orsay **A**
- gestion et aménagement durable des espaces et des ressources: Univ. de Perpignan Perpignan **A**, Univ. de Perpignan Perpignan
- responsables de collectivités locales, de projets européens, de projets urbains et d'environnement: Cnam Reims **A**, Lycée du paysage et de l'environnement Vaujours **A**

Hôtellerie et tourisme spécialité:

- management de projets touristiques durables: Univ. de Toulon La Garde
- tourisme et économie solidaire: entreprises et territoires: LA L. Giraud Carpentras, Univ. d'Avignon Avignon

Management des organisations spécialité:

- développement durable des territoires ruraux: Univ. d'Aix-Marseille Digne-les-Bains
- gestion des PME et développement durable: IFA de la CCI Montauban **A**, Univ. Toulouse 1 Toulouse
- management du développement durable: Univ. de Franche-Comté Besançon
- management et développement durable de la petite et moyenne organisation: Champollion Albi **A**, École des métiers du Lot Cahors **A**, Lycée J. Vigo Millau
- management international appliqué au développement durable: Univ. Paris-Descartes Paris **A**

Productions végétales spécialité:

- agroressources et environnement: LA de Chalons en Champagne Somme-Vesle, Univ. de Reims Reims
- pratiques agricoles, aménagement rural, techniques alternatives, gestion écologique des ressources: AgroCampus Ouest Rennes, LEGTA T. Monod Le Rheu, Univ. Rennes 1 Rennes

Protection de l'environnement spécialité:

- géologie de l'aménagement: Univ. de Nantes Nantes **A**
- géomatique et environnement: ENSG Champs-sur-Marne, Univ. Panthéon-Sorbonne Paris

CFA: centre de formation d'apprentis
LA: lycée agricole
MFR: maison familiale rurale
Pr Hc: privé hors contrat
Pr Sc: privé sous contrat
A: statut de l'élève scolaire apprenti
AS: année spéciale (DUT en 1 an)
S: statut de l'élève scolaire

Licences pro aménagement, développement durable, tourisme (suite)

• gestion agricole des espaces naturels ruraux : Montpellier SupAgro Florac, Montpellier SupAgro Montpellier, SupAgro - Institut d'éducation à l'agro-environnement Florac, Univ. de Montpellier Montpellier

PATRIMOINE NATUREL, ÉDUCATION À L'ENVIRONNEMENT

■ Développement et protection du patrimoine culturel spécialité :
• médiation scientifique et éducation à l'environnement : Univ. F. Rabelais Tours

■ Espaces naturels spécialité :
• analyses et techniques d'inventaires de la biodiversité : Univ. Lyon 1 Villeurbanne, Univ. Lyon 1 Villeurbanne **A**
• biologie appliquée aux écosystèmes exploités : Univ. de Pau Anglet
• forêt, gestion et préservation de la ressource en eaux : Univ. F. Rabelais Tours
• gestion durable des espaces forestiers et développement local : Univ. de Lorraine Vandœuvre-lès-Nancy
• métiers du diagnostic, de la gestion et de la protection des milieux naturels : Univ. de Franche-Comté Besançon

■ Intervention sociale spécialité :
• coordinateur de projets en éducation à l'environnement pour un développement durable : Montpellier SupAgro Florac, Montpellier SupAgro Montpellier, SupAgro - Institut d'éducation à l'agro-environnement Florac, Univ. de Montpellier Montpellier

AIR, EAU, SOL, DÉCHETS, BRUIT

■ Biotechnologies spécialité :
• procédés de traitement et de valorisation des rejets : Univ. de Bretagne-Sud Pontivy **A**

■ Chimie, alimentation, santé et environnement spécialité :
• Lycée M. Curie Nogent-sur-Oise **A**

■ Électricité et électronique spécialité :
• électroacoustique et acoustique environnementale : Univ. de Poitiers Angoulême **A**, Univ. de Poitiers Angoulême

■ Gestion de la production industrielle spécialité :
• économie, gestion durable de l'eau et territoires : Univ. Grenoble 2 Valence

■ Industries chimiques et pharmaceutiques spécialité :
• analyse pour les métiers de l'eau : Univ. de Versailles-Saint-Quentin Versailles
• analyses et traçabilité au laboratoire : Univ. de La Rochelle La Rochelle, Univ. de La Rochelle La Rochelle **A**
• chimie analytique et environnement : Univ. B. Pascal Aubière
• chimie et procédés pour le développement durable et l'environnement : Univ. Paris-Sud Orsay, Univ. Paris-Sud Orsay **A**
• ingénierie des procédés pour la chimie, la pharmacie, l'environnement et pour la valorisation des agroressources Univ. Toulouse 3 Toulouse

■ Mécanique spécialité :
• acoustique et vibration : Univ. du Maine Le Mans
• moteurs thermiques et vibrations acoustiques : Univ. d'Artois Béthune

■ Production industrielle spécialité :
• assainissement, gestion des déchets et démantèlement en environnement nucléaire : Univ. de Caen Cherbourg-Octeville
• gestion et traitement des pollutions et des déchets : Univ. de Reims Reims

■ Maintenance des systèmes pluritechniques spécialité :
• application aux usines et réseaux d'eau : Univ. de Limoges La Souterraine

■ Protection de l'environnement spécialité :
• alimentation en eau potable et assainissement : Iseta Poisy, Univ. Lyon 3 Lyon
• aménagement et gestion des ressources en eau : Univ. de Pau Anglet, Univ. de Pau Anglet **A**
• aménagement et gestion des ressources en eau en milieu tropical : CFA agricole de la Martinique Le François **A**
• analyse et gestion du traitement des eaux, des boues et des déchets : Centre univ. Champollion Albi
• diagnostic et aménagement des ressources en eau : LA Ahun Ahun, Univ. de Limoges Limoges
• eau : mesure et procédés : Univ. de Lorraine Villers-lès-Nancy **A**, Univ. de Lorraine Villers-lès-Nancy
• eau : ressources et infrastructures : Univ. de Lorraine Villers-lès-Nancy, Univ. de Lorraine Villers-lès-Nancy **A**
• eau et environnement : Univ. de Corse Corte **A**, Univ. de Corse Corte
• écotechnologies pour la dépollution : Univ. de Perpignan Narbonne, Univ. de Perpignan Narbonne **A**
• génie de l'environnement et du développement durable : Univ. de Caen Caen
• gestion automatisée des systèmes de traitement des eaux : CFA agroalimentaire Mamirolle **A**, LEGTA La Canourgue, Univ. de Montpellier Sète, Univ. de Montpellier Sète **A**
• gestion de l'eau en milieu rural : Univ. de Caen Caen
• gestion des ressources environnementales en milieu rural. Métiers du développement durable : Univ. de Caen Caen
• gestion des services à l'environnement : Univ. de Versailles-Saint-Quentin Guyancourt **A**, Univ. de Versailles-Saint-Quentin Mantes-la-Jolie **A**
• gestion durable et valorisation des écosystèmes : Univ. de Guyane Cayenne
• gestion eau, sols et sous-sols : Institut de Genech Genech, Univ. de Lille 1 Villeneuve-d'Ascq
• gestion et optimisation des systèmes de traitement de l'eau : Lycée P.-G. de Gennes Digne-les-Bains, Univ. d'Aix-Marseille Marseille
• gestion et traitement des déchets : Univ. de Franche-Comté Besançon, Univ. Paris Diderot Paris **A**, Univ. ParisDiderot Paris
• gestionnaire des déchets : LA public du Nord Douai, LA public du Nord Douai **A**, Univ. d'Artois Lens **A**, Univ. d'Artois Lens, Univ. de Nantes La Roche-sur-Yon, Univ. de Nantes La Roche-sur-Yon **A**
• ingénierie et exploitation des eaux : MFR de Saint-Étienne Saint-Étienne, Univ. J. Monnet Saint-Étienne
• instrumentation environnementale : Lycée P. Constans Montluçon, Univ. d'Auvergne Aubière
• maintenance appliquée au traitement des pollutions : Univ. de Perpignan Perpignan
• maîtrise des pollutions et nuisances : Univ. Lyon 1 Villeurbanne **A**, Univ. Lyon 1 Villeurbanne
• mesure de la qualité des milieux : air, eaux, sols : Univ. de Limoges Limoges, Univ. de Poitiers Châtellerault **A**, Univ. de Poitiers Châtellerault

• métiers de l'eau : Univ. J. Verne Saint-Quentin **A**, Univ. J. Verne Saint-Quentin
• métiers des déchets : Univ. F. Rabelais Tours **A**, Univ F. Rabelais Tours
• métiers des risques et impacts environnementaux : LEGTPA de Rodilhan Rodilhan **A**, Unimes Nîmes **A**
• métiers du démantèlement, des déchets, de la dépollution et de la maîtrise des risques industriels : Unimes Nîmes
• métrologie en mesures environnementales et biologiques : Univ. Lille 1 Villeneuve-d'Ascq
• métrologue de la qualité de l'air : Univ. de Lorraine Yutz
• procédés de dépollution et de valorisation : Univ. de Poitiers Poitiers
• protection de l'environnement : Institut supérieur de l'enseignement privé de Polynésie Papeete, UCO d'Angers Angers, Univ. d'Angers Angers
• protection de l'environnement, gestion des eaux urbaines et rurales : Unistra Strasbourg
• ressources et qualité de l'eau dans l'environnement : UPMC Paris **A**
• technologies et gestion des eaux de santé : Univ. de Bordeaux Dax **A**
• traitement des eaux : Univ. de Limoges Limoges
• traitement des eaux et dépollution des sols : Univ. de Savoie Le Bourget-du-Lac
• traitement des eaux et des déchets : LEGTA de Nevers-Cosne - Site de Challuy Nevers, Univ. de Bourgogne Dijon
• traitement des effluents gazeux : Univ. de Lorraine Villers lès Nancy **A**
• traitement et analyse de l'eau et des déchets aqueux : Univ. Paris-Sud Orsay **A**
• traitement et valorisation des déchets industriels : Univ. Toulouse 3 Tarbes
• usages et qualité des eaux : LA G. Desclaude Saintes, Univ. de Poitiers Poitiers

■ **Transformations industrielles spécialité :**
• rudologie, gestion et traitement des déchets : Univ. du Havre Le Havre

HYGIÈNE, SÉCURITÉ, ENVIRONNEMENT

■ **Gestion de la production industrielle spécialité :**
• chargé de mission maintenance et gestion du risque industriel : Univ. Rennes 1 Saint-Malo
• coordinateur de projets : gestion des risques : Centre de formation Sup' La Mache Lyon **A**, Univ. Lyon 2 - Lumière Bron **A**
• coordonnateur qualité sécurité environnement : Univ. de Montpellier Nîmes
• qualité sécurité environnement : Univ. de Franche-Comté Besançon
• qualité, hygiène, sécurité et environnement : Univ. de Bordeaux Gradignan, Univ. de Valenciennes Cambrai
• qualité, santé, sécurité et environnement : Univ. de Corse Corte, Univ. de Corse Corte **A**
• qualité-sécurité-environnement : Univ. d'Auvergne Le Puy-en-Velay
• qualité-sécurité-environnement pour les industries chimiques : Univ. de Cergy Cergy **A**

■ **Industrie agroalimentaire, alimentation spécialité :**
• environnement et sécurité : Univ. du Littoral Boulogne-sur-Mer
• maîtrise des risques : Univ. de Bordeaux Agen **A**, Univ. de Bordeaux Agen
• qualité, sécurité, recherche, environnement : École supérieure des techniques de biologie appliquée Paris **A**

■ **Industries chimiques et pharmaceutiques spécialité :**
• maîtrise des risques tout au long du cycle de vie d'un produit chimique : Univ. Lyon 1 Villeurbanne **A**
• procédés en chimie et développement durable : Univ. Lille 1 Villeneuve-d'Ascq

■ **Management des organisations spécialité :**
• qualité, sécurité et environnement : Univ. de Lorraine Sarreguemines
• qualité, sécurité, environnement : Univ. de Caen Cherbourg-Octeville **A**, Univ. de Caen Cherbourg-Octeville

■ **Maintenance des systèmes pluritechniques spécialité :**
• mesure, instrumentation et métrologie pour l'environnement : Univ. de Savoie Annecy-le-Vieux **A**
• ingénierie intégrée, qualité et environnement : Univ. de Versailles-Saint-Quentin Mantes-la-Jolie **A**, Univ. de Versailles-Saint-Quentin Mantes-la-Jolie
• maîtrise des risques industriels et environnementaux : Univ. de Lorraine Yutz
• prévention des risques et maintenance environnement : Univ. du Littoral Longuenesse
• techniques nucléaires et radioprotection : Unistra Strasbourg

■ **Protection de l'environnement et sécurité des biens et des personnes spécialité :**
• radioprotection et environnement : Univ. de Nantes Nantes

■ **Qualité, hygiène, sécurité, santé, environnement** Univ. de Lille 1 Villeneuve-d'Ascq

■ **Santé spécialité :**
• santé, sécurité au travail et environnement : Univ. Paris-Est Serris, Univ. Paris-Est Serris **A**

■ **Sécurité des biens et des personnes spécialité :**
• animateur des systèmes de management de la sécurité : Univ. de Pau Pau
• assistant qualité sécurité environnement dans l'entreprise : Univ. de Haute-Alsace Colmar **A**
• coordonnateur qualité, santé-sécurité, environnement : Univ. de Bretagne-Sud Lorient
• gestion des risques en entreprise (sécurité-environnement) : Univ. de Caen Vire
• gestion des risques environnementaux, santé-sécurité en entreprise et radioprotection : Univ. du Havre Le Havre
• prévention des risques et sûreté de fonctionnement : Univ. de Limoges Tulle
• prévention des risques professionnels et environnementaux : Univ. de Franche-Comté Vesoul
• technicien animateur sécurité : Univ. d'Angers Angers

TECHNICO-COMMERCIAL

■ **Commerce spécialité :**
• chargé d'affaires en vente de solutions durables : Univ. de Versailles-Saint-Quentin Mantes-la-Jolie **A**
• commercialisation de solutions associées au développement durable : Univ. Paris-Est Meaux **A**, Univ. Paris-Est Meaux

ÉCOCONSTRUCTION, ÉNERGIE

■ **Bâtiment et construction spécialité :**
• choix constructifs à qualité environnementale : Univ. J. Verne Amiens **A**, Univ. J. Verne Amiens
• conseiller technique en environnement et habitat : UCO d'Angers Angers, Univ. d'Angers Angers

CFA : centre de formation d'apprentis
LA : lycée agricole
MFR : maison familiale rurale
A : statut de l'élève apprenti

Licences pro écoconstruction, énergie (suite)

• construction durable habitat et environnement urbain : Univ. d'Artois Béthune
• construire écologique : Unistra Illkirch-Graffenstaden
• éco-construction et éco-matériaux : Univ. de Bretagne-Sud Lorient
• études et réalisations de projets : Univ. d'Orléans Bourges
• management environnemental et qualité globale de la construction : Univ. de Bretagne occidentale Brest, Univ. de Bretagne occidentale Brest A
• projets et chantiers durables : Univ. de Valenciennes Valenciennes

■ Énergie et génie climatique spécialité :
• développement durable : Univ. de Valenciennes Valenciennes
• développement durable et énergies renouvelables : Univ. de Lorraine Cosnes-et-Romain A, Univ. de Lorraine Cosnes-et-Romain
• énergies nouvelles et développement durable : Univ. de Haute-Alsace Mulhouse, Univ. de Haute-Alsace Mulhouse A
• gestion des ressources énergétiques et énergies nouvelles : Univ. de Lorraine Metz A
• maîtrise de la demande en énergie et énergies renouvelables : UCO d'Angers Angers A, UCO d'Angers Angers, Univ. d'Angers Angers, Univ. d'Angers Angers A
• maîtrise de l'énergie et environnement : Univ. Paris-Ouest-La Défense Ville-d'Avray A, Univ. Paris-Ouest-La Défense Ville-d'Avray
• maîtrise de l'énergie, électricité, développement durable : Univ. de Polynésie française Faaa
• radioprotection, démantèlement et déchets nucléaires : chargé de projets : Univ. Lyon 1 Villeurbanne A
• responsable de projets en maîtrise de l'énergie et environnement : Univ. B. Pascal Montluçon
• valorisation énergétique des déchets ménagers : Univ. Paris-Est Champs-sur-Marne A, Univ. Paris-Est Champs-sur-Marne

■ Génie civil et construction spécialité :
• éco-construction pour un développement durable : Lycée L. de Vinci Paris, UPMC Paris, UPMC Paris A
• efficacité énergétique des bâtiments : Univ. de Versailles Saint-Quentin Mantes-la-Jolie A
• énergies et confort : Unistra Illkirch-Graffenstaden A, Unistra Illkirch-Graffenstaden
• environnement et construction : Univ. de La Rochelle La Rochelle
• management du risque dans le BTP : Univ. de Bordeaux Gradignan
• métiers de la construction et de l'environnement : contrôle et expertise du bâtiment : Univ. de Montpellier Nîmes, Univ. de Montpellier Nîmes A
• travaux publics et environnement : Univ. de Montpellier Nîmes, Univ. de Montpellier Nîmes A

■ Production industrielle spécialité :
• éco-conception énergie-environnement : Univ. de Lorraine Épinal A, Univ. de Lorraine Épinal, Univ. de Lorraine Vandœuvre-lès-Nancy

■ Maintenance des systèmes pluritechniques spécialité :
• génie mécanique pour l'énergétique et l'environnement : UPMC Paris A

LICENCES

Liste des licences les plus adaptées à une poursuite d'études orientée vers l'environnement. Sont mentionnées les universités qui y préparent, suivies du site de l'établissement où la formation est implantée. Pour les licences des domaines du droit et des sciences pour l'ingénieur, consulter **www.onisep.fr**.

• **Chimie :** Unice Nice, Unistra Strasbourg, Univ. B. Pascal Aubière, Univ. d'Aix-Marseille Aix-en-Provence, Univ. d'Aix-Marseille Marseille, Univ. d'Artois Lens, Univ. de Bordeaux Talence, Univ. de Bourgogne Dijon, Univ. de Bretagne occidentale Brest, Univ. de Caen Caen, Univ. de Cergy Cergy, Univ. de La Réunion Saint-Denis, Univ. de Lille 1 Villeneuve-d'Ascq, Univ. de Limoges Limoges, Univ. de Montpellier Montpellier, Univ. de Nantes Nantes, Univ. de Rouen Mont-Saint-Aignan, Univ. de Versailles Saint-Quentin Versailles, Univ. d'Orléans Orléans, Univ. du Havre Le Havre, Univ. Grenoble 1 Saint-Martin-d'Hères, Univ. J. Monnet Saint-Étienne, Univ. J. Verne Amiens, Univ. J. Verne Beauvais, Univ. Lyon 1 Villeurbanne, Univ. Paris-Diderot Paris, Univ. Paris-Est Créteil Créteil, Univ. Paris-Sud Orsay, UPMC Paris, Univ. Rennes 1 Rennes, Univ. Toulouse 3 Toulouse
• **Géographie et aménagement :** Centre univ. de Mayotte Dembéni, Centre univ. Champollion Albi, Unice Nice, Unistra Strasbourg, Univ. F. Rabelais Tours, Univ. B. Pascal Clermont-Ferrand, Univ. d'Aix-Marseille Aix-en-Provence, Univ. d'Aix-Marseille Marseille, Univ. d'Angers Angers, Univ. d'Artois Arras, Univ. d'Avignon Avignon, Univ. de Savoie Le Bourget-du-Lac, Univ. de Bordeaux Montaigne Pessac, Univ. de Bourgogne Dijon, Univ. de Bretagne occidentale Brest, Univ. de Caen Caen, Univ. de Cergy Cergy, Univ. de Franche-Comté Besançon, Univ. de La Réunion Saint-Denis, Univ. de La Rochelle La Rochelle, Univ. de Lille 1 Villeneuve-d'Ascq, Univ. de Limoges Limoges, Univ. de Lorraine Metz, Univ. de Lorraine Nancy, Univ. de Montpellier Montpellier, Univ. de Nantes Nantes, Univ. de Nouvelle-Calédonie Nouméa, Univ. de Pau Pau, Univ. de Perpignan Perpignan, Univ. de Poitiers Poitiers, Univ. de Polynésie française Faaa, Univ. de Reims Reims, Univ. de Rouen Mont-Saint-Aignan, Univ. de Versailles Saint-Quentin Guyancourt, Univ. des Antilles Schoelcher, Univ. d'Orléans Orléans, Univ. du Havre Le Havre, Univ. du Littoral Dunkerque, Univ. du Maine Le Mans, Univ. Grenoble 1 Grenoble, Univ. Grenoble 2 Grenoble, Univ. J. Monnet Saint-Étienne, Univ. J. Verne Amiens, Univ. Lyon 2 Bron, Univ. Lyon 3 Lyon, Univ. Panthéon-Sorbonne Paris, Univ. Paris 13 Villetaneuse, Univ. Paris 8 Saint-Denis, Univ. Paris-Diderot Paris, Univ. Paris-Ouest La Défense Nanterre, Univ. Paris-Est Champs-sur-Marne, Univ. Paris-Est Créteil Créteil, Univ. Paris-Sorbonne Paris, Univ. Rennes 2 Rennes, Univ. Toulouse 2 Foix, Univ. Toulouse 2 Toulouse
• **Environnements océaniens :** Univ. de Polynésie française Faaa
• **Physique, chimie :** Centre univ. Champollion Albi, Institut catholique d'études supérieures La Roche-sur-Yon, Unice Nice, Unimes Nîmes, Unistra Strasbourg, Univ. F. Rabelais Tours, Univ. B. Pascal Aubière, Univ. d'Angers Angers, Univ. d'Artois Lens, Univ. d'Avignon Avignon, Univ. de Savoie Le Bourget-du-Lac, Univ. de Bordeaux Talence, Univ. de Franche-Comté Belfort, Univ. de Franche-Comté Besançon, Univ. de Guyane

Cayenne, Univ. de Haute-Alsace Mulhouse, Univ. de La Rochelle La Rochelle, Univ. Lille 1 Villeneuve-d'Ascq, Univ. de Limoges Limoges, Univ. de Lorraine Metz, Univ. de Lorraine Vandœuvre-lès-Nancy, Univ. de Montpellier Montpellier, Univ. de Nouvelle Calédonie Nouméa, Univ. de Pau Anglet, Univ. de Pau Pau, Univ. de Pau Tarbes, Univ. de Perpignan Perpignan, Univ. de Poitiers Poitiers, Univ. de Polynésie française Faaa, Univ. de Reims Reims, Univ. de Toulon La Garde, Univ. de Valenciennes Valenciennes, Univ. des Antilles Pointe-à-Pitre, Univ. des Antilles Schoelcher, Univ. d'Évry Évry, Univ. du Littoral Calais, Univ. du Littoral Dunkerque, Univ. du Maine Le Mans, Univ. J. Monnet Saint-Étienne, Univ. Paris 13 Villetaneuse, Univ. Paris-Est Champs-sur-Marne, Univ. Paris-Est Créteil Créteil, Univ. Rennes 1 Rennes, Université catholique de Lille Brest, Université catholique de Lille Cesson-Sévigné, Université catholique de Lille Lille, Université catholique de Lille Toulon

· **Sciences de la Terre:** Unice Nice, Unistra Strasbourg, Univ. F. Rabelais Tours, Univ. B. Pascal Aubière, Univ. de Savoie Le Bourget-du-Lac, Univ. de Bordeaux Talence, Univ. de Bourgogne Dijon, Univ. de Bretagne occidentale Brest, Univ. de Caen Caen, Univ. de Cergy Cergy, Univ. de Franche-Comté Besançon, Univ. de La Réunion Saint-Denis, Univ. de La Rochelle La Rochelle, Univ. Lille 1 Villeneuve-d'Ascq, Univ. de Lorraine Vandœuvre-lès-Nancy, Univ. de Montpellier Montpellier, Univ. de Pau Pau, Univ. de Poitiers Poitiers, Univ. d'Orléans Orléans, Univ. du Maine Le Mans, Univ. Grenoble 1 Saint-Martin-d'Hères, Univ. J. Monnet Saint-Étienne, Univ. Lyon 1 Villeurbanne, Univ. Paris-Diderot Paris, Univ. Paris-Sud Orsay, UPMC Paris, Univ. Rennes 1 Rennes, Univ. Toulouse 3 Toulouse

· **Sciences de la vie:** Centre univ. Champollion Albi, Cned Futuroscope, Institut catholique de Lyon Lyon, Institut catholique d'études supérieures La Roche-sur-Yon, Unice Nice, Unimes Nîmes, Unistra Strasbourg, Univ. F. Rabelais Tours, Univ. B. Pascal Aubière, Univ. d'Aix-Marseille Aix-en-Provence, Univ. d'Aix-Marseille Marseille, Univ. d'Artois Lens, Univ. de Savoie Le Bourget-du-Lac, Univ. de Bordeaux Agen, Univ. de Bordeaux Agen **A**, Univ. de Bordeaux Talence, Univ. de Bourgogne Dijon, Univ. de Bretagne occidentale Brest, Univ. de Caen Caen, Univ. de Cergy Cergy, Univ. de Corse Corte, Univ. de Franche-Comté Besançon, Univ. de Franche-Comté Montbéliard, Univ. de La Réunion Saint-Denis, Univ. de La Rochelle La Rochelle, Univ. Lille 1 Villeneuve-d'Ascq, Univ. de Limoges Limoges, Univ. de Lorraine Metz, Univ. de Lorraine Vandœuvre-lès-Nancy, Univ. de Montpellier Montpellier, Univ. de Nantes Nantes, Univ. de Pau Anglet, Univ. de Pau Pau, Univ. de Poitiers Poitiers, Univ. de Toulon La Garde, Univ. de Valenciennes Cambrai, Univ. de Versailles Saint-Quentin Versailles, Univ. d'Évry Évry, Univ. d'Orléans Chartres, Univ. d'Orléans Orléans, Univ. du Havre Le Havre, Univ. du Littoral Boulogne-sur-Mer, Univ. du Littoral Calais, Univ. du Maine Le Mans, Univ. Grenoble 1 Saint-Martin-d'Hères, Univ. J. Monnet Saint-Étienne, Univ. J. Verne Beauvais, Univ. Lyon 1 Villeurbanne, Univ. Paris 13 Bobigny, Univ. Paris-Diderot Paris, Univ. Paris-Sud Orsay, UPMC Paris, Univ. Rennes 1 Rennes, Univ. Toulouse 3 Toulouse, Université catholique de Lille Lille,

· **Sciences de la vie et de la Terre:** Centre univ. de Mayotte Dembéni, UCO d'Angers Angers, UCO d'Angers Guingamp, Unice Nice, Univ. d'Aix-Marseille Aix-en-Provence, Univ. d'Aix-Marseille Marseille, Univ. d'Angers Angers, Univ. d'Avignon Avignon, Univ. de Bretagne-Sud Lorient, Univ. de Bretagne-Sud Vannes, Univ. de Guyane Cayenne, Univ. Lille 1 Villeneuve-d'Ascq, Univ. de Nantes Nantes, Univ. de Nouvelle Calédonie Nouméa, Univ. de Perpignan Perpignan, Univ. de Polynésie française Faaa, Univ. de Reims Reims, Univ. de Rouen Évreux, Univ. de Rouen Mont-Saint-Aignan, Univ. de Versailles Saint-Quentin Versailles, Univ. des Antilles Pointe-à-Pitre, Univ. J. Verne Amiens, Univ. Lyon 1 Villeurbanne, Univ. Paris-Est Créteil Créteil

MASTERS

Liste des masters offrant une spécialisation dans le domaine de l'environnement. Sont mentionnées les universités qui y préparent, suivies, le cas échéant, du site de l'établissement où la formation est implantée. Les cursus proposés en apprentissage sont signalés par un **A**.

ÉCONOMIE ET GESTION DE L'ENVIRONNEMENT

■ **Administration économique et sociale spécialité:**
· gestion et droit des énergies et du développement durable: Unistra Strasbourg, Unistra Strasbourg **A**

■ **Économie et gestion de l'environnement spécialité:**
· économie et gestion de l'environnement et du développement durable: Univ. du Littoral Dunkerque

■ **Analyse politique et économique spécialité:**
· évaluation économique du développement durable: Univ. de Nantes Nantes

■ **Anthropologie spécialité:**
· anthropologie et métiers du développement durable: Univ. d'Aix-Marseille Aix-en-Provence

■ **Carrières publiques spécialité:**
· environnement et gestion du territoire: Univ. de Toulon Toulon

■ **Économie spécialité:**
· économie de l'environnement et des ressources naturelles de l'énergie et de l'agriculture: Univ. Toulouse 1 Toulouse
· économie du développement durable, de l'environnement et de l'énergie: École des Ponts ParisTech Champs-sur-Marne, École des Ponts ParisTech Paris, EHESS Paris, Mines de Paris ParisTech Paris
· économie du développement et de l'environnement: Univ. des Antilles Pointe-à-Pitre

■ **Économie appliquée spécialité:**
· économie de l'énergie et des ressources naturelles: Univ. d'Aix-Marseille Aix-en-Provence
· économie et gestion de l'environnement et des impacts environnementaux: Univ. de Bordeaux Pessac

Masters économie et gestion de l'environnement (suite)

• économie, environnement et développement durable : Univ. de Reims Reims
• management de l'environnement et du développement durable : Univ. de Rouen Rouen

■ Économie appliquée : agriculture, mer, environnement :
• AgroCampus Ouest Rennes Angers Rennes, Univ. de Bretagne occidentale Plouzané

■ Économie de la firme et des marchés spécialité :
• économie et droit de l'énergie : Univ. de Montpellier Montpellier

■ Économie de l'environnement, de l'énergie et des transports :
• développement durable, entreprises et territoires Univ. Paris Ouest La Défense Nanterre
• économie du développement durable, de l'environnement et de l'énergie : AgroParisTech Massy, Montpellier, Nancy, Paris, Thiverval-Grignon

■ Économie et gestion de l'entreprise spécialité :
• économie du développement durable, de l'environnement et de l'énergie : Polytechnique Palaiseau

■ Économie et gestion publiques spécialité :
• analyse de projets et développement durable : Univ. Rennes 1 Rennes

■ Économie et gouvernance de l'environnement et du territoire spécialité :
• économie théorique et appliquée du développement durable intégré : Univ. de Versailles Saint-Quentin Guyancourt
• tourisme et environnement : Univ. de Versailles Saint-Quentin Guyancourt

■ Économie et management spécialité :
• gestion globale des risques et des crises : Univ. Panthéon-Sorbonne Paris A

■ Économie et société spécialité :
• économie du développement du territoire : Univ. Toulouse 1 Toulouse

■ Génie des environnements naturels et industriels spécialité :
• management environnemental - déchets - énergie : Univ. de Reims Reims

■ Génie urbain spécialité :
• développement urbain durable : Univ. Paris-Est Champs-sur-Marne
• management et ingénierie des services à l'environnement : École des Ponts ParisTech Champs-sur-Marne, École des Ponts ParisTech Paris, Univ. Paris-Est Champs-sur-Marne, Univ. Paris-Est Champs-sur-Marne A

■ Information et communication spécialité :
• communication des organisations et développement durable : Univ. d'Aix-Marseille Aix-en-Provence, Univ. d'Aix-Marseille Marseille
• communication écocitoyenne patrimoine et développement durable : Unice Nice

■ Ingénierie du développement durable spécialité :
• intelligence économique et développement durable : Univ. de Versailles Saint-Quentin Guyancourt
• médiation de connaissances environnementales : partenariats pour le développement durable : Univ. de Versailles Saint-Quentin Guyancourt
• études arctiques (*artic studies*) : Univ. de Versailles Saint-Quentin Guyancourt

■ Ingénierie et management spécialité :
• ingénierie et management de l'environnement et du développement durable : UTT Troyes Troyes

■ Langues étrangères appliquées spécialité :
• développement durable, stratégies de concertation et communication : Univ. de Caen Caen

■ Politique et action publique spécialité :
• politiques territoriales et développement durable : Univ. de Lille 2 Lille

■ Psychologie spécialité :
• psychologie sociale de l'environnement : Unimes Nîmes

■ Science politique spécialité :
• conseil aux collectivités territoriales en matière de politique de développement durable : Univ. Paris 13 Villetaneuse

■ Sciences de l'environnement spécialité :
• management environnemental : Univ. de La Rochelle La Rochelle
• sciences et politiques de l'environnement : UPMC Paris
• management de l'environnement des collectivités et des entreprises : Univ. Paris Diderot Paris A, Univ. Paris-Est Créteil Créteil A

■ Sciences du territoire spécialité :
• économie territoriale et développement : Univ. Grenoble 2 Saint-Martin-d'Hères
• systèmes territoriaux, aide à la décision, environnement : Univ. Grenoble 1 Grenoble

■ Sciences économiques spécialité :
• économie et politique de l'environnement et de l'énergie : Univ. de Bourgogne Dijon

■ Sciences économiques et de gestion spécialité :
• économie du développement durable, de l'environnement et de l'énergie : INSTN Gif-sur-Yvette

■ Sciences et technologies de l'information et de la communication spécialité :
• systèmes d'aide à la décision pour l'environnement : Univ. d'Avignon Avignon, Univ. de La Rochelle La Rochelle, Univ. de Montpellier Montpellier

■ Sociologie spécialité :
• gouvernance des risques et de l'environnement : Univ. de Caen Caen
• ingénierie de projets de développement social urbain et de développement durable : Univ. d'Évry Évry, Univ. d'Évry Évry A
• politique environnementale et pratiques sociales : Univ. Toulouse 2 Toulouse

■ Systèmes, territoires, environnements, patrimoines spécialité :
• systèmes territoriaux, aide à la décision, environnement : Mines de Saint-Étienne Saint-Étienne, Univ. J. Monnet Saint-Étienne

■ Tourisme spécialité :
• management du tourisme durable : Univ. de Toulon La Garde

DROIT DE L'ENVIRONNEMENT

■ Biodiversité, environnement spécialité :
• environnement et droit : Univ. Rennes 1 Rennes

■ Droit spécialité :
• cadres territoriaux et environnementaux : Univ. de La Rochelle La Rochelle

• droit de la prévention des risques et responsabilités : Univ. de Haute-Alsace Mulhouse, Univ. de Haute-Alsace Mulhouse A
• ingénierie juridique de l'entreprise et développement durable : Univ. de Haute-Alsace Mulhouse A, Univ. de Haute-Alsace Mulhouse
• juriste en droit de l'environnement : Univ. d'Artois Douai

■ Droit de l'environnement spécialité :
• droit de l'environnement, de l'aménagement et de l'urbanisme : Univ. de Limoges Limoges
• droit international et comparé de l'environnement : Univ. de Limoges Limoges

■ Droit de l'environnement littoral et marin spécialité :
• Univ. du Littoral Boulogne-sur-Mer

■ Droit des espaces et des activités maritimes spécialité :
• droit des espaces et des activités maritimes : Univ. de Bretagne occidentale Plouzané

■ Droit économique et des affaires spécialité :
• gestion juridique des risques et développement durable : Unice Nice

■ Droit et gestion spécialité :
• ingénierie du développement durable : Univ. Toulouse 1 Toulouse

■ Droit et management spécialité :
• Univ. de Haute-Alsace Mulhouse, Univ. de Haute-Alsace Mulhouse A

■ Droit international et européen spécialité :
• droit de l'environnement, des espaces et ressources maritimes et de l'aménagement du littoral : Unice Nice
• droit international et européen de l'environnement : Univ. d'Aix-Marseille Aix-en-Provence

■ Droit patrimonial, immobilier et notarial spécialité :
• droit de la protection de l'environnement - territoires méditerranéens : Univ. d'Aix-Marseille Aix-en-Provence

■ Droit privé et carrières judiciaires spécialité :
• droit de l'environnement, sécurité et qualité de l'entreprise : Univ. de Versailles Saint-Quentin Guyancourt

■ Droit public spécialité :
• droit de l'environnement : Univ. Lyon 3 Lyon, Univ. Panthéon-Assas Paris
• droit de l'environnement et du développement durable : Univ. de Nantes Nantes
• droit de l'environnement industriel : Univ. de Poitiers La Couronne, Univ. de Poitiers Poitiers
• droit du développement durable : Univ. Paris-Descartes Malakoff
• droit et gestion de l'environnement et du développement durable : Univ. de Montpellier Montpellier

■ Droit public et droit privé spécialité :
• droit de l'environnement et des risques : Unistra Strasbourg

■ Droit public spécialité :
• droit de l'environnement : Univ. Paris-Sud Orsay, Univ. Paris-Sud Sceaux

■ Environnement spécialité :
• droit de l'environnement : Univ. Panthéon-Sorbonne Paris
• éthique appliquée, responsabilité environnementale et sociale : Univ. Panthéon-Sorbonne Paris

■ Ingénierie du développement durable spécialité :
• droit de l'environnement, de la sécurité et qualité dans les entreprises : Univ. de Versailles Saint-Quentin Guyancourt

■ Philosophie spécialité :
• éthique et développement durable : Univ. Lyon 3 Lyon

AMÉNAGEMENT, URBANISME, DÉVELOPPEMENT

■ Géographie, aménagement, environnement, spécialité :
• gestion des littoraux et des mers : Univ. de Montpellier Montpellier

■ Aménagement et urbanisme durables, environnement spécialité :
• environnement et aménagement : Univ. de Bretagne occidentale Brest

■ Aménagement, énergie et écologie territoriale spécialité :
• constructions durables et éco-quartiers : Univ. de Versailles Saint-Quentin Guyancourt A, Univ. de Versailles Saint-Quentin Guyancourt
• piloter et financer des éco-constructions : Univ. de Versailles Saint-Quentin Guyancourt
• stratégies de développement durable et responsabilité sociétale des entreprises : Univ. de Versailles Saint-Quentin Guyancourt A, Univ. de Versailles Saint-Quentin Guyancourt

■ Aménagement, urbanisme et développement des territoires spécialité :
• construction et aménagement durable : Univ. de Lille 1 Villeneuve-d'Ascq
• eco-développement : environnement, conception de projets, développement des territoires : Univ. de Lille 1 Villeneuve-d'Ascq

■ Développement durable et aménagement spécialité :
• conduite des projets environnementaux : Univ. de Montpellier Montpellier
• mobilités spatiales et aménagement : Univ. de Montpellier Béziers, Univ. de Montpellier Montpellier

■ Environnement et développement durable spécialité :
• biodiversité, territoires, environnement : Univ. Panthéon-Sorbonne Paris A, Univ. Panthéon-Sorbonne Paris
• développement durable, management environnemental et géomatique : ENSG Champs-sur-Marne, Univ. Panthéon-Sorbonne Paris
• théorie et démarche du projet de paysages : Univ. Panthéon-Sorbonne Paris

■ Environnement, terre, évolution spécialité :
• espace rural et environnement : AgroSup Dijon Dijon, Univ. de Bourgogne Dijon

■ Espaces, ressources, milieux spécialité :
• environnement, développement, territoires, sociétés : AgroParisTech Massy, Montpellier, Nancy, Paris, Thiverval-Grignon

■ Espaces, sociétés, environnement spécialité :
• diagnostic socio-spatial, enjeux environnementaux et prospective territoriale : Univ. de Poitiers Poitiers

■ Évolution, patrimoine naturel et sociétés spécialité :
• environnement, développement, territoires et sociétés : MNHN Paris

■ Géographie spécialité :
• aménagement et gestion intégrée des ressources environnementales : Univ. de Caen Caen
• climat, risques, environnement, santé : Unice Nice

Masters aménagement, urbanisme, développement (suite)

• dynamiques des milieux et risques: Univ. Panthéon-Sorbonne Paris
• géoprospective, aménagement et durabilité des territoires: Unice Nice
• interface nature-société: ENS Lyon Lyon
• mondialisation et développement: Univ. d'Aix-Marseille Aix-en-Provence
• systèmes territoriaux, aide à la décision, environnement: ENS Lyon Lyon
• géographie environnementale: Unistra Strasbourg

■ Géographie et aménagement spécialité:
• développement durable et local dans les territoires émergents: Univ. d'Orléans Orléans
• eau, cartographie, géomatique: Univ. d'Orléans Orléans
• environnement et paysages: Centre univ. Champollion Albi
• espace, sociétés, territoires: Univ. Paris-Est Créteil Créteil
• géographie de l'environnement et du paysage: Univ. Toulouse 2 Toulouse
• géographie et aménagement des espaces maritimes: Univ. de Nantes Nantes
• gestion de l'environnement: AgroCampus Ouest Angers Rennes Angers, Univ. Rennes 2 Rennes
• interface, nature et société: Univ. Lyon 3 Lyon
• management et ingénierie des services à l'environnement: Univ. de Cergy Cergy **A**, Univ. de Cergy Cergy
• politiques territoriales de développement durable: Univ. du Maine Le Mans
• urbanisme durable et gestion des déchets: Univ. du Maine Le Mans
• géographie et aménagement durable: Univ. de Perpignan Perpignan **A**

■ Géographie et science des territoires spécialité:
• espace et milieux: Univ. Paris Diderot Paris
• télédétection et géomatique appliquées à l'environnement: Univ. Paris Diderot Paris

■ Géographie et sciences des territoires spécialité:
• dynamiques des milieux et risques: Univ. Paris Diderot Paris

■ Géographie, aménagement, environnement et logistique des échanges spécialité:
• environnement: dynamique des territoires et des sociétés: Univ. Paris-Sorbonne Paris
• mondialisation, dynamiques spatiales et développement durable dans les pays du Sud: Univ. Paris-Sorbonne Paris

■ Géographie, économie spécialité:
• développement des territoires, aménagement et environnement: Univ. d'Artois Arras

■ Géographie, environnement et aménagement spécialité:
• analyse territoriale en environnement et santé: Univ. de Rouen Mont-Saint-Aignan

■ Géographie, environnement, tourisme spécialité:
• connaissance, gestion et mise en valeur des espaces aquatiques continentaux: Univ. Lyon 2 Bron
• interface nature/société: Univ. Lyon 2 Bron
• systèmes territoriaux, développement durable, aide à la décision: Univ. Lyon 2 Bron

■ Géographie, science de l'espace et du territoire spécialité:
• écologie humaine: enjeux environnementaux des activités de production et de consommation: Univ. de Bordeaux Montaigne Pessac
• gestion territoriale du développement durable: Univ. de Bordeaux Montaigne Pessac

■ Gouvernance territoriale spécialité:
• environnement, territoire, paysage: Univ. F. Rabelais Tours **A**, Univ F. Rabelais Tours

■ Métiers de la montagne spécialité:
• Univ. d'Aix-Marseille Gap

■ Sciences appliquées à la montagne spécialité:
• équipement, protection et gestion des milieux de montagne: Univ. de Savoie Le Bourget-du-Lac
• systèmes territoriaux, aide à la décision, environnement: Univ. de Savoie Le Bourget-du-Lac

■ STIC pour l'environnement spécialité:
• modélisation en sciences de l'environnement: Univ. de Montpellier Montpellier

■ Terre, planètes, environnement spécialité:
• cartographie et gestion de l'environnement: Univ. de Nantes Nantes

■ Urbanisme et aménagement spécialité:
• management des projets urbains durables: Ensa Montpellier Montpellier

■ Urbanisme, aménagements et transports spécialité:
• villes durables: Univ. Paris-Est Champs-sur-Marne

■ Urbanisme, construction et environnement spécialité:
• environnement: Univ. de Lille 2 Lille

GÉOSCIENCES, ENVIRONNEMENT MARIN

■ Chimie de l'environnement marin spécialité:
• chimie de l'environnement marin: Univ. de Bretagne occidentale Plouzané

■ Environnement, spécialité
• génie géologique: Univ. Paris-Sud Orsay **A**, Univ. Paris-Sud Orsay
• fonctionnement et gestion des écosystèmes marins: Univ. du Littoral Calais
• physique et environnement: Univ. Paris-Sud Orsay

■ Environnement marin et biotechnologies spécialité:
• biotechnologie: biomolécules, microorganismes et bioprocédés: UCO d'Angers Guingamp, Univ. de Bretagne-Sud Lorient
• ingénierie et gestion des ressources côtières: Univ. de Bretagne-Sud Vannes

■ Environnement, terre, évolution, climat spécialité:
• archéo-géo-sciences (AGES): Univ. de Bourgogne Dijon

■ Expertise et gestion de l'environnement littoral spécialité:
• expertise et gestion de l'environnement littoral: Univ. de Bretagne occidentale Plouzané

■ Génie civil, constructions et ouvrages durables spécialité:
• géotechnique, eau, risques: Lorraine INP Vandœuvre-lès-Nancy, Lorraine INP Vandœuvre-lès-Nancy **A**, Unistra Strasbourg, Univ. de Lorraine Vandœuvre-lès-Nancy **A**, Univ. de Lorraine Vandœuvre-lès-Nancy
• géomatériaux et environnement: Univ. Paris-Est Champs-sur-Marne
• géorisques: Univ. Paris-Est Champs-sur-Marne

■ Géographie et aménagement spécialité:
• géographie et aménagement des espaces maritimes: Univ. de Nantes Nantes

Géologie appliquée :
• Univ. de Franche-Comté Besançon **A**, Univ. de Franche-Comté Besançon

Géoressources, géorisques, géotechnique spécialité :
• risques naturels telluriques : Univ. Paris-Diderot Paris

Géosciences spécialité :
• géologie des réservoirs Montpellier Marseille : Univ. de Montpellier Montpellier

Géosciences : planètes, ressources, environnement spécialité :
• sols, eaux et environnement : Univ. de Lorraine Vandœuvre-lès-Nancy

Géosciences : planètes, ressources, environnement spécialité :
• ressources en eau-gestion et aménagement : Univ. de Lorraine Metz
• géosciences marines et environnements aquatiques : Univ. de Perpignan Perpignan

Gestion de l'environnement et des ressources naturelles spécialité :
• gestion intégrée du littoral et des écosystèmes : Univ. de Corse Corte **A**, Univ. de Corse Corte

Ingénierie du développement durable spécialité :
• études arctiques (*artic studies*) : Univ. de Versailles Saint-Quentin Guyancourt

Ingénierie et gestion territoriales spécialité :
• gestion des littoraux et des mers (eau et littoral) : Univ. de Montpellier Montpellier
• gestion des risques naturels : Univ. de Montpellier Montpellier

Sciences de la planète et de l'environnement spécialité :
• hydrologie, hydrochimie, sol, environnement : Univ. Toulouse 3 Toulouse

Observation de la Terre et géomatique :
• Unistra Strasbourg

Océanographie spécialité :
• biologie et écologie marines : Univ. d'Aix-Marseille Marseille
• environnement marin : Univ. d'Aix-Marseille Marseille

Physique et applications spécialité :
• océan, atmosphère, climat et observations spatiales : ENS PARIS Paris, UPMC Paris

Sciences biologiques marines spécialité :
• approche écosystémique de l'halieutique : AgroCampus Ouest Rennes Angers Rennes, Univ. de Bretagne occidentale Plouzané
• écosystèmes marins : Univ. de Bretagne occidentale Plouzané

Sciences de la planète et de l'environnement spécialité :
• hydrologie, hydrochimie, sol, environnement : INP Toulouse Toulouse, Univ. Toulouse 3 Toulouse
• physique et chimie de l'air et de l'océan : Univ. Toulouse 3 Toulouse
• surveillance et gestion de l'environnement : Univ. Toulouse 3 Toulouse

Sciences de la Terre spécialité :
• géologie de l'aménagement Univ. B. Pascal Clermont-Ferrand

Sciences de la Terre et de l'environnement spécialité :
• eau, climat, environnement : Grenoble INP Grenoble, Univ. Grenoble 1 Saint-Martin-d'Hères
• environnement et étude d'impacts : Unice Nice
• Euro-hydro-informatique et gestion de l'eau : Euro-aquae : Unice Biot
• géosciences, géorisques, géoressources : Unice Nice
• gestion de l'environnement et du développement durable : Unice Nice, Unice Nice **A**
• gestion de projets hydrotechnologiques et environnementaux - hydroprotech : Unice Biot **A**, Unice Biot
• H3 : hydrogéologie, hydrobiogéochimie, hydropédologie : AgroCampus Ouest Rennes Angers Rennes, Univ. Rennes 1 Rennes
• hydrogéologie et transferts (*Hydrogeology and associated transfers*) : Univ. de Poitiers Poitiers
• imagerie et modélisation pour l'astrophysique, la géophysique, l'espace et l'environnement : Unice Nice
• ingénierie et géosciences de l'environnement : Unistra Strasbourg
• *International Master in Clay Sciences* (master argiles) : Univ. de Poitiers Poitiers

Sciences de la Terre et environnement, écologie spécialité :
• génie géologique, génie civil et environnement : Univ. de Bordeaux Talence
• géoressources et environnement : Univ. de Bordeaux Talence

Sciences de la Terre et des planètes, environnement spécialité :
• géochimie, géobiologie, géomatériaux et environnement : ENS PARIS Paris, Univ. Paris-Diderot Paris
• géologie et géoénergies : ENS PARIS Paris, Univ. Paris-Diderot Paris
• géophysique : ENS PARIS Paris, Univ. Paris-Diderot Paris

Sciences de la Terre, de l'univers et de l'environnement spécialité :
• environnements insulaires océaniens (EIO) : UPMC Paris
• géo-environnements actuels et passés : Univ. de Lille 1 Villeneuve-d'Ascq

Sciences de l'environnement spécialité :
• interaction climat-environnement et télédétection : Univ. de Versailles Saint-Quentin Guyancourt
• management environnemental : Univ. de La Rochelle La Rochelle

Sciences de l'environnement terrestre spécialité :
• géologie des réservoirs : Univ. d'Aix-Marseille Marseille
• gestion des eaux et des milieux aquatiques : Univ. d'Aix-Marseille Marseille
• gestion des risques naturels et technologiques : Univ. d'Aix-Marseille Marseille
• management de l'environnement, valorisation, analyse : Univ. d'Aix-Marseille Marseille
• *radioecology* : Univ. d'Aix-Marseille Marseille
• sciences de la biodiversité et écologie : Univ. d'Aix-Marseille Aix-en-Provence, Univ. d'Aix-Marseille Marseille

Sciences de l'univers, environnement, écologie spécialité :
• océan, atmosphère, climat et observations spatiales : Télécom ParisTech Paris, Télécom ParisTech Valbonne, UPMC Paris

Sciences des environnements continentaux et côtiers spécialité :
• environnement, sols, eaux, biodiversité : Univ. de Rouen Mont-Saint-Aignan
• exploitation des ressources vivantes côtières : Univ. de Caen Caen

■ Sciences physiques pour l'environnement spécialité:
• risques majeurs: Univ. de Corse Corte, Univ. de Corse Corte A

■ Sciences, technologies et environnement marin spécialité:
• biodiversité et biomolécules marines: Univ. de Toulon La Garde

■ Sciences, Terre et environnement, écologie spécialité:
• océanographie: Univ. de Bordeaux Talence

■ Urbanisme, environnement, aménagement spécialité:
• géosciences et risques: Univ. de Reims Reims

AIR, EAU, SOL, DÉCHETS Voir aussi Géosciences

■ Agrosciences spécialité:
• hydrogéologie, sol et environnement: Univ. d'Avignon Avignon

■ Atmosphère, eau et environnements urbains:
Centrale Nantes Nantes

■ Chimie, spécialité:
• qualité et traitement de l'eau: ENSC Rennes Rennes, Univ. de Limoges Limoges, Univ. de Poitiers Poitiers
• traitement des eaux: Univ. de Lille 1 Villeneuve-d'Ascq

■ Eau spécialité:
• contaminants - eau - santé: Univ. de Montpellier Montpellier A, Univ. de Montpellier Montpellier
• eau et agriculture: Montpellier SupAgro Florac, Montpellier SupAgro Montpellier, Univ. de Montpellier Montpellier
• eau et société: Montpellier SupAgro Florac, Montpellier SupAgro Montpellier, Univ. de Montpellier Montpellier
• eau ressources: AgroParisTech Massy, AgroParisTech Montpellier, AgroParisTech Nancy, AgroParisTech Paris, AgroParisTech Thiverval-Grignon, Univ. de Montpellier Montpellier, Univ. de Montpellier Montpellier A
• gestion des littoraux et des mers: Univ. de Montpellier Montpellier A, Univ. de Montpellier Montpellier

■ Eau, environnement, océanographie spécialité:
• pollution de l'eau et traitement: Univ. de Montpellier Montpellier
• processus biologiques et écologiques dans les hydrosystèmes: Univ. de Montpellier Montpellier

■ Énergie nucléaire spécialité:
• démantèlement et gestion de déchets: Centrale Supélec Châtenay-Malabry, École des Ponts ParisTech Champs-sur-Marne, École des Ponts ParisTech Paris, Supélec Gif-sur-Yvette, Univ. Paris-Sud Orsay

■ Ethnologie, transformations des sociétés contemporaines spécialité:
• eau, sociétés et développement durable - gestion sociale de l'eau et médiations institutionnelles: Unice Nice

■ Géographie et aménagement spécialité:
• eau, cartographie, géomatique: Univ. d'Orléans Orléans
• urbanisme durable et gestion des déchets: Univ. du Maine Le Mans

■ Gestion de l'environnement et des ressources naturelles spécialité:
• sciences de l'eau et environnement: Univ. de Corse Corte

■ Ingénierie, traçabilité et développement durable spécialité:
• assainissement et démantèlement d'installations nucléaires: Univ. Grenoble 1 Valence, Univ. Grenoble 1 Valence A
• gestion scientifique et technologique des déchets radioactifs: Univ. Grenoble 1 Valence, Univ. Grenoble 1 Valence A

■ Mécanique, génie civil, génie mécanique spécialité:
• sol et eau: Univ. de Lille 1 Villeneuve-d'Ascq

■ Physique ou sciences de la Terre spécialité:
• physique, environnement, procédés: Univ. Paris-Sud Orsay Univ. de Versailles Saint-Quentin Guyancourt

■ Sciences de l'eau et de l'environnement spécialité:
• aménagement et durabilité (*planning and sustainability*): Univ. F. Rabelais Tours
• hydrosystèmes et bassins versants: diagnostic et risque environnemental: Univ. F. Rabelais Tours

■ Sciences et génie de l'environnement spécialité:
• atmosphères intérieure et extérieure air: Univ. Paris-Diderot Paris A, Univ. Paris-Est Créteil Créteil, Univ. Paris-Est Créteil Créteil A
• systèmes aquatiques et gestion de l'eau: École des Ponts ParisTech Champs-sur-Marne, École des Ponts ParisTech Paris, Univ. Paris Diderot Paris, Univ. Paris-Est Créteil Créteil

■ Transformation et valorisation des ressources naturelles spécialité:
• analyse, contrôle, qualité - traitement et qualité de l'eau: Escom Compiègne Compiègne, Univ. J. Verne Amiens, UTC Compiègne Compiègne

BIOLOGIE, BIODIVERSITÉ, ÉCOLOGIE, TOXICOLOGIE

■ Biodiversité, écologie, environnement spécialité:
• aménagement des espaces ruraux et péri-urbanisation: Univ. Rennes 1 Rennes
• écologie fonctionnelle, comportementale et évolutive: AgroCampus Ouest Rennes Angers Rennes, Univ. Rennes 1 Rennes
• gestion des habitats et des bassins versants: Univ. Rennes 1 Rennes
• modélisation en écologie: AgroCampus Ouest Rennes Angers Rennes, Univ. Rennes 1 Rennes
• patrimoine naturel, biodiversité: Univ. Rennes 1 Rennes
• ressources aquatiques et exploitation durable: AgroCampus Ouest Rennes Angers Rennes, Univ. Rennes 1 Rennes

■ Biologie spécialité:
• biodiversité, écologie, environnement: Univ. Grenoble 1 Saint-Martin-d'Hères
• bioprotection et microbiologie de l'environnement: Univ. de Pau Pau
• dynamique des écosystèmes aquatiques: Univ. de Pau Anglet

■ Biologie et écologie pour la forêt, l'agronomie, l'environnement et la gestion des écosystèmes spécialité:
• bois, forêt, développement durable: AgroParisTech-Engref Centre de Nancy Nancy, Univ. de Lorraine Vandœuvre-lès-Nancy
• fonctionnement et gestion des écosystèmes: AgroParisTech Massy, AgroParisTech Montpellier, AgroParisTech Nancy, AgroParisTech Paris, AgroParisTech Thiverval-Grignon, Univ. de Lorraine Vandœuvre-lès-Nancy
• les forêts et leur environnement (*forests and their environnement*): Univ. de Lorraine Vandœuvre-lès-Nancy

■ Biologie et environnement spécialité:
• fonctionnement et restauration des milieux aquatiques et continentaux: Univ. B. Pascal Aubière
• microbiologie: génome, écologie et biotechnologies: Univ. B. Pascal Aubière

■ Biologie et santé spécialité:
• gestion et conservation de la biodiversité: Univ. de Bretagne occidentale Brest

■ Biologie intégrative spécialité:
• biologie et bioressources marines: UPMC Paris

■ Biologie intégrative et agrosciences spécialité:
• écologie comportementale, évolution et biodiversité: Univ. F. Rabelais Tours

■ Biologie intégrée: molécules, populations et développement durable spécialité:
• biodiversité et développement durable: Univ. de Perpignan Perpignan
• génomique environnementale: Univ. de Perpignan Perpignan

■ Biologie, agronomie, santé spécialité:
• préhistoire, paléontologie, paléoenvironnement: Univ. Rennes 1 Rennes

■ Biologie, bioressources spécialité:
• ingénierie biologique de l'environnement: Univ. Paris-Est Créteil Créteil

■ Biologie, écologie spécialité:
• écologie et biologie des populations: Univ. de Poitiers Poitiers
• *European master in applied ecology/* master international en écologie appliquée: Univ. de Poitiers Poitiers

■ Biologie, santé, écologie spécialité:
• environnement et gestion de la biodiversité: EPHE Paris, Univ. de Polynésie française Faaa

■ Aliments et bioproduits spécialité:
• toxicologie, environnement, santé: AgroParisTech Massy, AgroParisTech Montpellier, AgroParisTech Nancy, AgroParisTech Paris, AgroParisTech Thiverval-Grignon

■ Écologie spécialité:
• aménagement du territoire et télédétection: Univ. Toulouse 3 Toulouse
• biodiversité, écologie et évolution: Univ. Toulouse 3 Toulouse
• écologie et biosciences de l'environnement: INP Toulouse Castanet-Tolosan, Univ. Toulouse 3 Toulouse
• écosystèmes tropicaux naturels et exploités: Univ. des Antilles Pointe-à-Pitre
• fonctionnement et gestion des écosystèmes marins: Univ. de Lille 1 Villeneuve-d'Ascq
• gestion de la biodiversité: Univ. Toulouse 3Toulouse
• gestion de l'environnement, valorisation des ressources territoriales: Centre univ. Champollion Albi, Enfa Castanet-Tolosan, Mines d'Albi-Carmaux Albi
• gestion et évolution de la biodiversité: Univ. de Lille 1 Villeneuve-d'Ascq
• modélisation des systèmes écologiques: Univ. Toulouse 3 Toulouse

■ Écologie biodiversité spécialité:
• biodiversité évolution: Montpellier SupAgro Florac, Montpellier SupAgro Montpellier, Univ. de Montpellier Montpellier
• environnement et développement durable: Univ. de Montpellier Montpellier

■ Écologie et biogéosciences spécialité:
• espace et milieux: Univ. Paris Diderot Paris
• géochimie, géobiologie, géomatériaux et environnement: Univ. Paris Diderot Paris
• ingénierie biologique pour l'environnement: Univ. Paris Diderot Paris

■ Écologie et éthologie spécialité:
• écologie et éthologie: Univ. J. Monnet Saint-Étienne

■ Écologie, environnement spécialité:
• écologie et développement durable: UCO d'Angers Angers, Univ. d'Angers Angers, Univ. du Maine Le Mans
• toxicologie de l'environnement: Univ. d'Angers Angers, Univ. du Maine Le Mans
• zones humides continentales et littorales: écologie, éco-ingénierie, bio-indicateurs: Univ. d'Angers Angers

■ Écosciences, microbiologie spécialité:
• écologie, génomique, évolution, biométrie: Insa de Lyon Villeurbanne, Univ. Lyon 1 Villeurbanne, VetAgro Sup Marcy-l'Etoile
• microbiologie: Insa de Lyon Villeurbanne, Univ. Lyon 1 Villeurbanne, VetAgro Sup Marcy-l'Etoile
• phytoressources: Univ. Lyon 1 Villeurbanne

■ Écosystème et environnement spécialité:
• gestion durable de l'environnement pour les territoires et l'entreprise: Univ. de Franche-Comté Montbéliard

■ Écosystèmes et environnement spécialité:
• écosystèmes contaminants santé: Univ. de Franche-Comté Besançon
• qualité des eaux, des sols et des traitements: Univ. de Franche-Comté Besançon

■ Écosystèmes, agrosystèmes et développement durable spécialité:
• écologie, agroécologie, biodiversité, gestion durable de l'environnement et aménagement: Univ. J. Verne Amiens

■ Environnement, spécialité
• écologie, biodiversité et évolution: Univ. Paris-Sud Orsay

■ Environnement naturel et anthropisé spécialité:
• expertise et traitement en environnement: Univ. du Littoral Calais, Université catholique de Lille Lille
• fonctionnement et gestion des écosystèmes marins: Univ. du Littoral Calais

■ Environnement, écotoxicologie, écosystème spécialité:
• gestion des milieux aquatiques, restauration et conservation: Univ. de Lorraine Metz

■ Environnement, écotoxicologie, écosystèmes spécialité:
• écotoxicologie et écologie des systèmes anthropisés: Univ. de Caen Caen, Univ. de Caen Hérouville-Saint-Clair, Univ. de Lorraine Metz
• génie de l'environnement: Univ. de Lorraine Metz A, Univ. de Lorraine Metz

■ Espaces, ressources, milieux spécialité:
• de l'agronomie à l'agro écologie: Agro ParisTech Massy, AgroParisTech Montpellier, AgroarisTech Nancy, AgroParisTech Paris, AgroParisTech Thiverval-Grignon
• écologie, biodiversité, évolution: AgroParisTech Massy, AgroParisTech Montpellier, AgroParisTech Nancy, AgroParisTech Paris, AgroParisTech Thiverval-Grignon
• environnements continentaux et hydrosciences: AgroParisTech Massy, AgroParisTech Montpellier, AgroParisTech Nancy, AgroParisTech Paris, AgroParisTech Thiverval-Grignon

Masters biologie, biodiversité, écologie, toxicologie (suite)

■ Évolution, patrimoine naturel et sociétés spécialité:
• écologie, biodiversité, évolution: MNHN Paris
• systématique écologie, biodiversité, évolution: MNHN Paris
• unité et diversité du vivant: dialogues moléculaires dans les écosystèmes: MNHN Paris
• unité et diversité du vivant dialogues moléculaires dans les écosystèmes: MNHN Paris

■ Génie des environnements naturels et industriels spécialité:
• génie de l'environnement naturel (faune sauvage et environnement): Univ. de Reims Reims

■ Gestion de l'environnement et des ressources naturelles spécialité:
• gestion intégrée du littoral et des écosystèmes: Univ. de Corse Corte **A**, Univ. de Corse Corte
• ingénierie écologique: Univ. de Corse Corte
• sciences de l'eau et environnement: Univ. de Corse Corte

■ Ingénieries pour la santé et le médicament spécialité:
• méthodes de recherche en environnement, santé, toxicologie, écotoxicologie: Univ. Grenoble 1 La Tronche

■ Microbiologie, biologie végétale et biotechnologies spécialité:
• biotechnologie pour le développement durable: Univ. d'Aix-Marseille Marseille

■ Modèles, analyses et protocoles spécialité:
• diagnostic, environnement et alimentation: Champollion Albi

■ Sciences agronomiques, environnement, paysage spécialité:
• agronomie, forêt, écosystèmes, environnement: Engref Agro ParisTech Paris

■ Sciences biologiques spécialité:
• biologie des organismes, des populations et écosystèmes: Univ. d'Orléans Orléans

■ Sciences biologiques marines spécialité:
• approche écosystémique de l'halieutique: AgroCampus Ouest Rennes Angers Rennes, Univ. de Bretagne occidentale Plouzané
• écosystèmes marins: Univ. de Bretagne occidentale Plouzané

■ Sciences de la Terre et environnement, écologie spécialité:
• biodiversité et écosystèmes continentaux: Bordeaux Sciences Agro Gradignan, Univ. de Bordeaux Talence
• écotoxicologie et chimie de l'environnement: Univ. de Bordeaux Talence

■ Sciences de la vie et de la santé spécialité:
• biologie et santé de l'environnement: Unice Nice

■ Sciences de l'univers, environnement, écologie spécialité:
• écophysiologie et écotoxicologie: UPMC Paris
• écologie, biodiversité, évolution: ENS PARIS Paris, UPMC Paris

■ Sciences du vivant spécialité:
• écophysiologie et éthologie: Unistra Strasbourg

■ Sciences pour l'environnement spécialité:
• écologie et dynamique des littoraux et estuaires: Univ. de La Rochelle La Rochelle

■ STIC pour l'écologie et l'environnement spécialité:
• spatialisation et technologie en écologie: Univ. de Montpellier Montpellier

■ Stratégie spécialité:
• gouvernance et gestion durable de la forêt bois: Univ. de Bordeaux Bordeaux

■ Terre, planètes, environnement spécialité:
• écosystèmes et bioproduction: Univ. de Nantes Nantes

■ Toxicologie spécialité:
• toxicologie, environnement, santé: Univ. Paris Descartes Paris

■ Toxicologie et écotoxicologie spécialité:
• toxicologie, environnement, santé: Univ. Paris Diderot Paris

CHIMIE DE L'ENVIRONNEMENT

■ Chimie spécialité:
• catalyse, molécules et chimie verte: Univ. Rennes 1 Rennes
• chimie: analyse et traitement pour l'environnement: Univ. de Pau Pau
• chimie matériaux et procédés pour l'énergie et le développement durable: ENSC Montpellier Montpellier, Univ. de Montpellier Montpellier
• chimie verte: Unistra Strasbourg
• chimie, énergie, environnement: Univ. d'Artois Lens, Univ. de Lille 1 Villeneuve-d'Ascq
• écotoxicologie et chimie de l'environnement: Univ. de Bordeaux Talence
• expertise et traitement en environnement: Univ. d'Artois Lens
• génie des procédés-environnement-agroalimentaire: Univ. d'Angers Angers
• gestion des risques, santé, sécurité, environnement: Univ. d'Angers Angers
• pollutions chimiques et gestion environnementale: Univ. Paris-Sud Orsay
• qualité: Univ. de Bordeaux Talence
• radiochimie: du nucléaire à l'environnement: Univ. Paris-Sud Orsay
• sciences et ingénierie de l'environnement: Univ. d'Angers Angers
• synthèse, caractérisation, environnement: Univ. de Lorraine Metz

■ Chimie et environnement spécialité:
• chimie, environnement, développement durable: Univ. de Savoie Le Bourget-du-Lac
• polymères pour technologies avancées: Univ. de Savoie Le Bourget-du-Lac

■ Chimie, contrôle et protection de l'environnement spécialité:
• ingénierie et gestion de l'eau et de l'environnement: Univ. de Limoges Limoges
• chimie: molécules bioactives et environnement: Univ. de Perpignan Perpignan

■ Environnement, spécialité:
• pollutions chimiques et gestion environnementale: Univ. Paris-Sud Orsay

■ Génie des systèmes industriels spécialité:
• analyse chimique en contrôle industriel et environnement: Univ. de Lille 1 Villeneuve-d'Ascq

■ Mathématiques et sciences pour l'ingénieur spécialité:
• analyse chimique et contrôle industriel environnement: Univ. du Littoral Dunkerque

■ Procédés physico-chimiques spécialité:
• génie des procédés et de l'environnement: INP Toulouse Toulouse, Insa Toulouse Toulouse, Mines d'Albi-Carmaux Albi, Univ. Toulouse 3 Toulouse

■ **Sciences appliquées spécialité:**
• procédés, environnement et biotechnologies: Centrale Supélec Châtenay-Malabry

■ **Sciences de la matière spécialité:**
• physique et chimie pour l'environnement: Univ. B. Pascal Aubière

■ **Sciences de la vie et de la matière spécialité:**
• prévention et gestion du risque chimique: Univ. de Cergy Cergy

■ **Sciences des environnements continentaux et côtiers:**
• risques environnementaux et industriels: Univ. de Rouen Mont-Saint-Aignan, Univ. du Havre Le Havre

■ **Sciences, technologies et environnement marin spécialité:**
• chimie analytique réactionnelle et modélisation en environnement: Univ. de Toulon La Garde

■ **Technologies innovantes spécialité:**
• procédés et technologies de valorisation des ressources renouvelables: Escom Compiègne Compiègne, Univ. J. Verne Amiens, UTC Compiègne Compiègne

MAÎTRISE DE L'ÉNERGIE

■ **Approches interdisciplinaires des énergies de demain spécialité:**
énergie écologie société: Univ. Paris Diderot Paris, Univ. Paris Diderot Paris **A**

■ **Économie, énergie, développement durable spécialité:**
• économie de l'énergie et de l'environnement: Univ. Grenoble 2 Saint-Martin-d'Hères

■ **Physique spécialité:**
• énergies renouvelables et gestion efficace de l'énergie électrique: Univ. Lyon 1 Villeurbanne

■ **Sciences pour l'ingénieur spécialité:**
• énergétique et environnement: UPMC Paris **A**, UPMC Paris

SÉCURITÉ, HYGIÈNE, ENVIRONNEMENT

■ **Conception, industrialisation, risque, décision spécialité:**
• énergie nucléaire: Arts et Métiers ParisTech Paris

■ **Économie quantitative spécialité:**
• risque et environnement: Centrale Lyon Écully, Univ. Lyon 1 Villeurbanne, Univ. Lyon 3 Lyon
• risque et environnement (RISE): Univ. Lyon 2 Lyon

■ **Environnement, spécialité**
• santé publique et risques environnementaux: Univ. Paris-Sud Châtenay-Malabry, Univ. Paris-Sud Orsay

■ **Environnement et risques industriels et urbains spécialité:**
• environnement et risques: Univ. Lyon 1 Villeurbanne **A**
• sciences de l'environnement industriel et urbain: ENTPE Lyon Vaulx-en-Velin, Insa Centre Val de Loire Blois, Insa Centre Val de Loire Bourges, Insa de Lyon Villeurbanne, Mines de Saint-Étienne Saint-Étienne, Univ. Lyon 1 Villeurbanne

■ **Environnement, risque spécialité:**
• risque nucléaire: Unimes Nîmes **A**, Unimes Nîmes

■ **Génie des environnements naturels et industriels spécialité:**
• sécurité, qualité, hygiène et environnement: Univ. de Reims Reims

■ **Génie des systèmes industriels spécialité:**
• hygiène, sécurité, qualité de l'environnement: Univ. de Lille 1 Villeneuve-d'Ascq

■ **Gestion des risques spécialité:**
• management des risques industriels et environnementaux: Univ. de Poitiers Niort, Univ. de Poitiers Niort **A**

■ **Ingénierie chimique et biologique spécialité:**
• gestion des risques santé/sécurité, environnement: Oniris Cursus Ingénieur Nantes Nantes, Univ. de Nantes Nantes

■ **Ingénierie du développement durable spécialité:**
• ingénierie durable de l'environnement: Lorraine INP Vandœuvre-lès-Nancy, **A**, Univ. de Lorraine Vandœuvre-lès-Nancy, **A**

■ **Ingénierie, traçabilité et développement durable spécialité:**
• sûreté nucléaire: Univ. Grenoble 1 Valence **A**, Univ. Grenoble 1 Valence

■ **Management spécialité:**
• management du développement durable: Univ. de Poitiers Poitiers

■ **Management de la performance et des risques par l'approche qualité sécurité spécialité:**
• IEQT Vichy, Univ. B. Pascal Aubière

■ **Management intégré sécurité, environnement qualité (SEQ) spécialité:**
• Univ. de Montpellier Montpellier

■ **Physique spécialité:**
• contrôle de l'environnement industriel: Univ. de Caen Caen
• environnement, atmosphère et radioprotection: Univ. Lyon 1 Villeurbanne **A**
• exploration du vivant et de l'environnement: Univ. Grenoble 1 Saint-Martin-d'Hères

■ **Physique et chimie spécialité:**
• sciences de la séparation et du confinement - applications aux matériaux nucléaires: INSTN Gif-sur-Yvette

■ **Physique et sciences pour l'ingénieur spécialité:**
• physique et surveillance de l'environnement: Univ. de Toulon La Garde

■ **Prévention des risques et des nuisances technologiques spécialité:**
• risques nucléaires: Univ. d'Aix-Marseille Marseille **A**
• risques professionnels et industriels: Univ. d'Aix-Marseille Marseille **A**

■ **Qualité, hygiène, sécurité, environnement spécialité:**
• Univ. de Valenciennes Valenciennes **A**, Univ. de Valenciennes Valenciennes

■ **Risques et environnement spécialité:**
• Univ. Paris Ouest La Défense Nanterre
• ingénierie environnementale et énergies nouvelles: Univ. de Haute-Alsace Mulhouse **A**, Univ. de Haute-Alsace Mulhouse
• risques technologiques, sécurité: Univ. de Haute-Alsace Mulhouse, Univ. de Haute-Alsace Mulhouse **A**

■ **Santé publique spécialité:**
• maintenance, qualité, sécurité, environnement: Univ. Paris 13 Bobigny, Univ. Paris 13 Bobigny **A**
• santé publique et risques environnementaux: École des hautes études en santé publique Rennes, Univ. Paris Descartes Paris
• santé, environnement, travail: Univ. de Lille 2 Lille

■ **Santé publique et environnement spécialité:**
• évaluation et gestion des risques environnementaux et professionnels: Univ. de Franche-Comté Besançon, Univ. de Reims Reims

■ **Sciences de l'entreprise: génie industriel spécialité:**
• management environnemental des processus industriels: Centrale Supélec Châtenay-Malabry

■ **Sciences de la Terre et des planètes, environnement spécialité:**
• génie de l'environnement et industrie: Univ. Paris Diderot Paris

CPGE

Liste des classes préparatoires aux grandes écoles (CPGE) qui peuvent conduire à une école d'ingénieurs préparant aux métiers de l'environnement. Elles accueillent différents profils de bacheliers et les préparent à l'admission dans certaines écoles ou groupes d'écoles (agronomie, chimie, géosciences...). Retrouvez les adresses des établissements proposant ces classes sur www.onisep.fr.

Classes préparatoires ouvertes aux:
• **Titulaires du bac S:** biologie, chimie, physique et sciences de la Terre (BCPST); mathématiques, physique et sciences de l'ingénieur (MPSI); physique, chimie et sciences de l'ingénieur (PCSI); physique, technologie et sciences de l'ingénieur (PTSI).
• **Titulaires du bac STI2D ou STL, spécialité sciences physiques et chimiques en laboratoire:** technologie et sciences industrielles (TSI); 2 classes TSI accueillent des bacheliers professionnels.
• **Titulaires du bac STL:** technologie, biologie (TB); technologie, physique et chimie (TPC).
• **Titulaires du bac STAV:** technologie, biologie (TB).
• **Titulaires de BTS et DUT industriels:** adaptation technicien supérieur (ATS) ingénierie industrielle.
• **Titulaires de BTSA, BTS ou DUT des domaines biologie, chimie, physique:** ATS biologie.

ÉCOLES D'INGÉNIEURS

Liste (par ordre alphabétique) des écoles d'ingénieurs offrant une spécialisation dans un champ de l'environnement. Est mentionné le statut de l'établissement (public, privé sous contrat, privé reconnu, consulaire). Les cursus proposés en apprentissage sont signalés par un **A**.

Recrutement post-bac

Recrutant des titulaires du bac pour une formation en 5 ans, ces écoles offrent également des accès après un bac + 2, un bac + 3 ou un bac + 4.

■ **AgroSup Dijon**
Institut national supérieur des sciences agronomiques, de l'alimentation et de l'environnement
21079 Dijon 03 80 77 25 25
Public www.agrosupdijon.fr

■ **CPE Lyon**
École supérieure de chimie, physique, électronique de Lyon
69616 Villeurbanne 04 72 43 17 00
Pr reconnu www.cpe.fr

■ **EBI Cergy**
École de biologie industrielle
95092 Cergy 01 30 75 60 20
Pr reconnu www.ebi-edu.com

■ **ECPM Strasbourg**
École européenne de chimie polymères et matériaux
67087 Strasbourg 03 68 85 26 00
Public www.ecpm.unistra.fr

■ **EME Bruz**
École des métiers de l'environnement
35170 Bruz 02 99 05 88 00
Pr reconnu www.ecole-eme.fr

■ **ENSC Clermont-Ferrand**
École nationale supérieure de chimie de Clermont-Ferrand
63174 Aubière 04 73 40 71 46
Public www.ensccf.fr

■ **ENSC Lille**
École nationale supérieure de chimie de Lille
59652 Villeneuve-d'Ascq 03 20 43 41 24
Public www.ensc-lille.fr

■ **ENSC Rennes**
École nationale supérieure de chimie de Rennes 35708 Rennes 02 23 23 80 00
Public www.ensc-rennes.fr

■ **ENSGSI Nancy**
École nationale supérieure en génie des systèmes et de l'innovation
54010 Nancy 03 83 19 32 32
Public www.ensgsi.univ-lorraine.fr

■ **ENSGTI Pau**
École nationale supérieure en génie des technologies industrielles
64075 Pau 05 59 40 78 00
Public ensgti.univ-pau.fr

■ **EPF**
École d'ingénieurs généralistes
Pr reconnu www.epf.fr
- 10000 Troyes 01 41 13 01 51
- 10430 Rosières-près-Troyes 01 41 13 48 96
- 34000 Montpellier 04 99 65 41 81
- 92330 Sceaux 01 41 13 01 51

■ **ESA Angers**
École supérieure d'agriculture d'Angers
49007 Angers 02 41 23 55 55
Pr Sc www.groupe-esa.com

■ **Esaip**
Pr reconnu www.esaip.org
- 06130 Grasse 04 93 36 00 22
- 49180 St-Barthélémy-d'Anjou 02 41 96 65 10

■ **Escom Compiègne**
École supérieure de chimie organique et minérale
60200 Compiègne 03 44 23 88 00
Pr reconnu www.escom.fr

■ **ESGT Le Mans**
École supérieure des géomètres et topographes Cnam
72000 Le Mans 02 43 43 31 00
Public esgt-siti.cnam.fr

■ **Esirem Dijon**
École supérieure d'ingénieurs recherche en matériaux et infotronique
21078 Dijon 03 80 39 60 09
Public esirem.u-bourgogne.fr

■ **Esiroi La Réunion**
École supérieure d'ingénieurs La Réunion Océan Indien
97490 Saint-Denis 02 62 48 33 05
Public esiroi.univ-reunion.fr

■ **Esitpa Mont-Saint-Aignan**
École d'ingénieurs en agriculture
76134 Mont-Saint-Aignan 02 32 82 91 99
Consulaire www.esitpa.fr

■ HEI
École des hautes études d'ingénieur
Pr reconnu www.hei.fr
- 59046 Châteauroux 03 28 38 48 58
- 59046 Lille 03 28 38 48 58

■ INP Toulouse EI Purpan
École d'ingénieurs de Purpan
31076 Toulouse 05 61 15 30 30
Public www.purpan.fr

■ Insa Centre Val de Loire
Institut national des sciences appliquées Centre Val de Loire
Public www.insa-centrevaldeloire.fr
- 18022 Blois 02 48 48 40 00
- 18022 Bourges 02 48 48 40 00

■ Insa de Lyon
Institut national des sciences appliquées de Lyon
69621 Villeurbanne 04 72 43 83 83
Public www.insa-lyon.fr

■ Insa de Rennes
Institut national des sciences appliquées de Rennes
35708 Rennes 02 23 23 82 00
Public www.insa-rennes.fr

■ Insa de Rouen
Institut national des sciences appliquées de Rouen
76801 St-Étienne-du-Rouvray 02 32 95 97 00
Public www.insa-rouen.fr

■ Insa Toulouse
Institut national des sciences appliquées de Toulouse
31077 Toulouse 05 61 55 95 13
Public www.insa-toulouse.fr

■ ISA Lille
59046 Lille 03 28 38 48 48
Pr reconnu www.isa-lille.fr

■ Isara Lyon
Institut supérieur d'agriculture et d'agroalimentaire Rhône-Alpes
69364 Lyon 04 27 85 85 85
Pr reconnu www.isara.fr

■ Istom
École supérieure d'Agro-développement international
95094 Cergy 01 30 75 62 60
Pr reconnu www.istom.fr

■ LaSalle Beauvais Institut Polytechnique
60026 Beauvais 03 44 06 76 02
Pr Sc www.lasalle-beauvais.fr

■ Paoli Tech - École d'ingénieurs de l'université de Corse
20250 Corte 04 95 45 02 48
Public paolitech.univ-corse.fr

■ Polytech Grenoble
École polytechnique universitaire de Grenoble 1
38041 Grenoble 04 76 82 79 02
Public www.polytech-grenoble.fr

■ Polytech Marseille
École polytechnique universitaire de Marseille
13288 Marseille 04 91 82 85 00
Public www.polytech-marseille.fr

■ Polytech Paris-UPMC
École polytechnique universitaire Pierre et Marie Curie
75252 Paris 01 44 27 73 13
Public www.polytech.upmc.fr

■ Polytech Tours
École polytechnique universitaire de Tours 37200 Tours 02 47 36 14 14
Public www.polytech.univ-tours.fr

■ UTC Compiègne
Université de technologie de Compiègne
60203 Compiègne 03 44 23 44 23
Public www.utc.fr

■ UTT Troyes
Université de technologie de Troyes
10004 Troyes 03 25 71 76 00
Public www.utt.fr

Recrutement post-bac + 2

Recrutant des sortants de CPGE ou des titulaires d'un diplôme de niveau bac + 2 ou bac + 4.

■ AgroCampus Ouest
35042 Rennes 02 23 48 50 00
Public www.agrocampus-ouest.fr

■ AgroParisTech
Institut des sciences et industries du vivant et de l'environnement
Public www.agroparistech.fr
- 75231 Massy 01 44 08 16 61
- 34093 Montpellier
- 54042 Nancy 03 83 39 68 03
- 75231 Paris 01 44 08 16 61
- 78850 Thiverval-Grignon 01 30 81 53 53

■ Arts et Métiers ParisTech
Arts et Métiers ParisTech (Ensam)
75013 Paris 01 44 24 62 76
Public www.ensam.eu A

■ Arts et Métiers ParisTech - Institut de Chambéry
73370 Le Bourget-du-Lac 04 79 25 36 55
Public www.ensam.eu A

■ Arts et Métiers ParisTech - Isty/ESTP/Ingénieurs 2000
Ingénieurs 2000
77447 Champs-sur-Marne 01 60 95 81 32
Public www.ingenieurs2000.com A

■ Bordeaux INP - ENSCBP
École nationale supérieure de chimie, de biologie et de physique de Bordeaux
33607 Pessac 05 40 00 65 65
Public www.enscbp.fr

■ Bordeaux INP - Ensegid
École nationale supérieure en environnement, géoressources et ingénierie du développement
33607 Pessac 05 57 12 10 00
Public www.ensegid.fr

■ Bordeaux Sciences Agro
École nationale supérieure des sciences agronomiques de Bordeaux Aquitaine
33175 Gradignan 05 57 35 07 07
Public www.agro-bordeaux.fr

■ Centrale Lille
École centrale de Lille
59651 Villeneuve-d'Ascq 03 20 33 53 53
Public www.ec-lille.fr

■ Centrale Lyon
École centrale de Lyon
69134 Écully 04 72 18 60 00
Public www.ec-lyon.fr

■ Centrale Supélec
92295 Châtenay-Malabry 01 41 13 10 00
Public www.centralesupelec.fr

■ Chimie ParisTech
École nationale supérieure de chimie de Paris 75231 Paris 01 44 27 66 81
Public www.chimie-paristech.fr

■ École des hautes études d'ingénieur
École des hautes études d'ingénieur
36000 Châteauroux 02 54 53 52 90
Pr reconnu www.hei.fr A

■ École des Ponts ParisTech
Public www.enpc.fr
- 77455 Champs-sur-Marne 01 64 15 30 00
- 77455 Paris 01 64 15 30 00

Pr Hc : privé hors contrat
Pr Sc : privé sous contrat
A : statut de l'élève apprenti

Écoles d'ingénieurs (suite)

■ ECPM Strasbourg
École européenne de chimie polymères et matériaux
67087 Strasbourg 03 68 85 26 00
Public www.ecpm.unistra.fr

■ EI-Cnam Paris
École d'ingénieurs du Conservatoire national des arts et métiers (Cnam) ElCnam Paris
75003 Paris 01 40 27 28 51
Public eicnam.cnam.fr A

■ EI-Cnam Picardie
École d'ingénieurs du Conservatoire national des arts et métiers (Cnam) de Picardie
80025 Amiens 03 22 33 65 50 Public www.formationcnampicardie.com A

■ EIDD Paris
École d'ingénieurs de l'université Paris-Diderot
75205 Paris 01 57 27 61 25
Public eidd.univ-paris-diderot.fr

■ EIVP
École des ingénieurs de la Ville de Paris
75019 Paris 01 56 02 61 20
Public www.eivp-paris.fr

■ Engees Strasbourg
École nationale du génie de l'eau et de l'environnement de Strasbourg
67070 Strasbourg 03 88 24 82 82
Public engees.unistra.fr

■ ENS Géologie
École nationale supérieure de géologie
54518 Vandœuvre-lès-Nancy
03 83 59 59 15
Public www.ensg.univ-lorraine.fr

■ Ensaia Nancy
École nationale supérieure d'agronomie et des industries alimentaires
54518 Vandœuvre-lès-Nancy
03 83 59 58 51
Public www.ensaia.univ-lorraine.fr

■ Ensait
École nationale supérieure des arts et industries textiles
59100 Roubaix 03 20 25 64 64
Public www.ensait.fr

■ ENSC Montpellier
École nationale supérieure de chimie de Montpellier
34296 Montpellier 04 67 14 43 00
Public www.enscm.fr

■ ENSCMu Mulhouse
École nationale supérieure de chimie de Mulhouse
68200 Mulhouse 03 89 33 68 00
Public www.enscmu.uha.fr

■ ENSG
École nationale des sciences géographiques
77455 Champs-sur-Marne 01 64 15 30 01
Public www.ensg.eu

■ Ensi Caen
École nationale supérieure d'ingénieurs de Caen et centre de recherche
14050 Caen 02 31 45 27 50
Public www.ensicaen.fr

■ Ensi Limoges
École nationale supérieure d'ingénieurs de Limoges
87068 Limoges 05 55 42 36 70
Public www.ensil.unilim.fr

■ Ensi Poitiers
École nationale supérieure d'ingénieurs de Poitiers
86073 Poitiers 05 49 45 37 19
Public ensip.univ-poitiers.fr

■ Ensic/FIP ingénieur en partenariat spécialité génie chimique
Formation d'ingénieurs des techniques de l'industrie
54001 Nancy 03 83 17 50 00
Public www.ensic.univ-lorraine.fr

■ Ensic Nancy
École nationale supérieure des industries chimiques
54001 Nancy 03 83 17 50 00
Public www.ensic.univ-lorraine.fr

■ Ensta Bretagne Brest
École nationale supérieure de techniques avancées Bretagne
29806 Brest 02 98 34 88 00
Public www.ensta-bretagne.fr

■ Ensta ParisTech Palaiseau
École nationale supérieure de techniques avancées
91120 Palaiseau 01 81 87 17 40
Public www.ensta-paristech.fr

■ ENTPE Lyon
École nationale des travaux publics de l'État - École des ingénieurs de l'aménagement durable des territoires
69518 Vaulx-en-Velin 04 72 04 70 70
Public www.candidats.entpe.fr

■ Eost Strasbourg
École et observatoire des sciences de la Terre de Strasbourg
67084 Strasbourg 03 68 85 03 53
Public eost.unistra.fr

■ Esaip Angers
École d'ingénieurs Angers
Pr reconnu www.esaip.org A
- 49180 Grasse 02 41 96 65 10
- 49180 Saint-Barthélémy-d'Anjou 02 41 96 65 10

■ ESBS Strasbourg
École supérieure de biotechnologie de Strasbourg
67412 Illkirch-Graffenstaden
03 68 85 46 82 Public esbs.unistra.fr

■ Esiab Brest
École supérieure d'ingénieurs en agroalimentaire de Bretagne Atlantique Site de Brest
29280 Plouzané 02 90 91 51 00
Public www.univ-brest.fr/esiab

■ ESIReims
École supérieure d'ingénieurs de Reims
51100 Reims 03 26 91 33 99
Public www.univ-reims.fr

■ ESITech Rouen
École supérieure d'ingénieurs en technologies innovantes
76801 Saint-Étienne-du-Rouvray
02 32 95 51 00
Public www.esitech.fr

■ ESPCI ParisTech
École supérieure de physique et de chimie industrielles Ville de Paris
75005 Paris 01 40 79 44 00
Public www.espci.fr

■ ESTP Cachan
École spéciale des travaux publics du bâtiment et de l'industrie
94230 Cachan 01 49 08 56 50
Pr reconnu www.estp.fr A

■ Grenoble INP - Ense3
École nationale supérieure de l'énergie, l'eau et l'environnement - Grenoble INP
38000 Grenoble 04 76 82 63 00
Public ense3.grenoble-inp.fr

■ Grenoble INP - Génie industriel
École nationale supérieure de génie industriel - Grenoble INP
38031 Grenoble 04 76 57 46 01
Public genie-industriel.grenoble-inp.fr A

■ INP Toulouse ENM
École nationale de la météorologie
31057 Toulouse 05 61 07 80 80
Public www.enm.meteo.fr

■ INP Toulouse Ensat
École nationale supérieure agronomique de Toulouse
31326 Castanet-Tolosan 05 34 32 39 00
Public www.ensat.fr

■ INP Toulouse Enseeiht
École nationale supérieure d'électrotechnique, électronique, informatique, hydraulique, télécommunications
31071 Toulouse 05 34 32 20 00
Public www.enseeiht.fr

■ INP Toulouse Ensiacet
École nationale supérieure des ingénieurs en arts chimiques et technologiques
31030 Toulouse 05 34 32 33 00
Public www.ensiacet.fr

■ Insa Centre Val de Loire
Institut national des sciences appliquées Centre Val de Loire
Public www.insa-centrevaldeloire.fr A
- 18022 Blois 02 48 48 40 00
- 18022 Bourges 02 48 48 40 00

■ Insa Rouen
Institut national des sciences appliquées de Rouen
76801 Saint-Étienne-du-Rouvray 02 32 95 97 00
Public www.insa-rouen.fr A

■ Insa Strasbourg
Institut national des sciences appliquées de Strasbourg
67084 Strasbourg 03 88 14 47 00
Public www.insa-strasbourg.fr A

■ Itech Lyon
Institut textile et chimique Lyon
69134 Écully 04 72 18 04 80
Pr reconnu www.itech.fr

■ ITII Alsace
Institut des techniques d'ingénieur de l'industrie Alsace
68055 Mulhouse 03 89 46 89 92
Pr Sc www.itii-alsace.fr A

■ ITII Dauphiné-Vivarais
Institut des techniques d'ingénieur de l'industrie Dauphiné-Vivarais
26901 Valence 04 75 41 85 54
Pr Sc www.grenoble-inp.fr A

■ ITII des Deux Savoies
Institut des techniques d'ingénieur de l'industrie des Deux Savoies
74010 Annecy 04 50 09 65 05
Pr Sc www.itii2savoies.com A

■ ITII Ile-de-France
Institut des techniques d'ingénieur de l'industrie Ile-de-France
92202 Neuilly-sur-Seine 01 41 92 36 73
Pr reconnu www.itii-iledefrance.fr

■ ITII Pays de la Loire
Institut des techniques d'ingénieur de l'industrie des Pays de la Loire
44803 Saint-Herblain 02 28 03 69 06
Pr Sc www.itii-pdl.com A

■ Mines d'Albi-Carmaux
École nationale supérieure des mines d'Albi-Carmaux
81013 Albi 05 63 49 30 00
Public www.mines-albi.fr

■ Mines d'Alès
École nationale supérieure des mines d'Alès
Public www.mines-ales.fr
- 30319 Alès 04 66 78 50 00
30319 Nîmes 04 66 78 50 00

■ Mines de Nancy - Université de Lorraine
École nationale supérieure des mines de Nancy 54042 Nancy 03 55 66 26 00
Public www.mines-nancy.univ-lorraine.fr

■ Mines de Nantes
École nationale supérieure des mines de Nantes 44307 Nantes 02 51 85 81 00
Public www.mines-nantes.fr

■ Mines de Paris ParisTech
École nationale supérieure des mines de Paris
75272 Paris 01 40 51 90 00
Public www.mines-paristech.fr

■ Mines de Saint-Étienne
École nationale supérieure des mines de Saint-Étienne
42023 Saint-Étienne 04 77 42 01 23
Public www.mines-stetienne.fr

■ Mines Douai
École nationale supérieure des mines de Douai
59508 Douai 03 27 71 22 22
Public www2.mines-douai.fr

■ Mines ParisTech/Isupfere
Ingénieur fluides et énergie (Isupfere)
75009 Paris 01 40 82 91 44
Public www.afanem.fr A

■ Montpellier SupAgro
Centre international d'études supérieures en sciences agronomiques
Public www.supagro.fr
- 34060 Florac 04 99 61 22 50
- 34060 Montpellier 04 99 61 22 50

■ Polytech Annecy-Chambéry
École polytechnique universitaire de l'université de Savoie
74944 Annecy-le-Vieux 04 50 09 66 00
Public www.polytech.univ-smb.fr

■ Polytech Clermont-Ferrand
École polytechnique universitaire de l'université de Clermont-Ferrand
63174 Aubière 04 73 40 75 00
Public www.polytech-clermont.fr

■ Polytech Grenoble
École polytechnique universitaire de l'université Grenoble 1
38041 Grenoble 04 76 82 79 02
Public www.polytech-grenoble.fr

■ Polytech Lille
École polytechnique universitaire de l'université Lille 1
59655 Villeneuve-d'Ascq 03 28 76 73 00
Public www.polytech-lille.fr A

■ Polytech Lille/Formation Ing d'explotation des systèmes de production
Formation d'ingénieur d'exploitation des systèmes de production
59655 Villeneuve-d'Ascq 03 20 41 75 23
Public www.polytech-lille.fr A

■ Polytech Montpellier
École polytechnique universitaire de l'université de Montpellier
34095 Montpellier 04 67 14 31 60
Public www.polytech-montpellier.fr

■ Polytech Nice-Sophia
École polytechnique universitaire
Nice-Sophia 06410 Biot 04 92 96 50 50
Public www.polytech.unice.fr

■ Polytech Orléans
École d'ingénieurs Polytech Orléans
45100 Orléans 02 38 41 70 50
Public www.polytech-orleans.fr

Pr Hc : privé hors contrat
Pr Sc : privé sous contrat
A : statut de l'élève apprenti

■ SeaTech Toulon La Garde
École d'ingénieurs de l'université de Toulon
83957 La Garde 04 83 16 66 60
Public www.seatech.fr

■ UFR de sciences exactes et naturelles Guadeloupe/ Formations ingénieurs
Formation d'ingénieurs - UFR de sciences exactes et naturelles
97159 Pointe-à-Pitre 05 90 48 31 31
Public www.univ-ag.fr/ingenieur

■ VetAgro Sup/Cursus Ingénieur/Clermont-Ferrand
63370 Lempdes 04 73 98 13 13
Public www.vetagro-sup.fr

■ X (Polytechnique) Palaiseau
École polytechnique Palaiseau
91128 Palaiseau 01 69 33 33 33
Public www.polytechnique.fr

ÉCOLES DE L'ENVIRONNEMENT

Liste (par ordre alphabétique) d'écoles offrant une spécialisation en environnement, dont certaines préparent à des titres répertoriés au Répertoire national des certifications professionnelles (RNCP). Sont mentionnés le statut de l'établissement (public, privé sous contrat, privé reconnu, consulaire) et les cursus proposés en apprentissage (signalés par un **A**).

■ CFA Aforp
Site d'Asnières-sur-Seine (92600)
01 41 32 22 80 CFA privé www.aforp.fr
• Responsable qualité, environnement, sécurité. Post-bac + 2 en 2 ans **A**.

■ CFA de la CCI Alsace
Site de Colmar (68000) 03 89 20 22 00
Consulaire www.pole-formation-cci.fr
• Responsable de systèmes de management qualité - hygiène - sécurité - environnement.
Post-bac + 2 ou bac + 3 en 2 ans **A**.

■ CFA de la CCI de l'Eure
Évreux (27091 Cedex 9) 02 32 28 70 50
Consulaire www.eure.cci.fr
• Responsable qualité, sécurité-sûreté, environnement. Post bac + 2 en 2 ans **A**.

■ CFA de la chambre de métiers et de l'artisanat de Vaucluse
Antenne Avignon (84009 Cedex 1)
04 90 88 81 30 **Consulaire**
www.cm-avignon.fr
• Responsable qualité sécurité environnement. Post-bac + 2 en 2 ans **A**.

■ CFA de la propreté-INHNI
Bruz (35170) 02 99 26 10 80 ; Ile-de-France Villejuif (94800) 01 46 77 40 40, Vénissieux (69693 Cedex) 04 72 78 34 56
CFA privé www.inhni.com
• Responsable de service hygiène, propreté. Post-bac + 2 en 1 an **A**.

■ CFA Essym- CCI Paris Ile-de-France
CFA École supérieure des systèmes de management Essym Rambouillet (78120)
01 34 83 95 78 **Consulaire** www.essym.fr
• Responsable de systèmes de management qualité-hygiène-sécurité - environnement. Post-bac + 3 en 1 an **A**.

■ CFA interfora alternatives,
Saint-Fons (69190) 04 72 89 06 18
CFA privé www.interfora.fr
• Technicien(ne) de traitement des eaux. Post-bac en 8 mois **A**.

■ CFA ITESCIA
Campus Pontoise (95000) 01 30 75 36 36
Consulaire www.itescia.fr
• Manager en ingénierie de la qualité et du développement durable.
Post-bac + 4 en 1 an **A**.
• Responsable de systèmes de management qualité - hygiène - sécurité - environnement. Post-bac + 2 en 2 ans ou bac + 3 en 1 an **A**.

■ Cnam-Intechmer
Institut national des sciences et techniques de la mer Cnam-Intechmer
Cherbourg-Octeville (50103 Cedex)
02 33 88 73 33
Public www.intechmer.cnam.fr
• Bachelor océanographe-prospecteur. Post-bac en 3 ans.
• Cadre technique génie de l'environnement marin. Post-bac en 3 ans.
• Cadre technique production et valorisation des ressources marines. Post-bac en 3 ans.

■ EI-CESI
Arras (62000) et Saint-Nazaire (44603)
08 25 06 90 00 **Pr Hc** www.eicesi.fr
• Animateur, qualité, sécurité, environnement. Post-bac en 2 ans **A**.

■ EME Bruz
École des métiers de l'environnement
Bruz (35170) 02 99 05 88 00 **Pr reconnu**
www.ecole-eme.fr
• Coordinateur environnement. Post-bac en 3 ans.

■ ENTE
École nationale des techniciens de l'équipement, Aix-en-Provence (13593 Cedex 3) 04 42 37 20 00 **Public** www.ente.developpement-durable.gouv.fr
• Chargé de projet en aménagement durable des territoires. Post-bac en 2 ans.
• Formation des techniciens supérieurs du développement durable (ENTE), élèves-fonctionnaires recrutés sur concours post-bac + 2.

■ ESE-IER
École supérieure européenne d'ingénierie de l'espace rural,
Poisy (74330) 04 50 46 38 24
Pr reconnu www.ecole-ier.com

• Diplôme d'université (DU) ingénierie de l'espace rural avec l'université Jean-Moulin de Lyon. Post-bac en 3 ans.

■ Esqese
École supérieure qualité sécurité-santé environnement, Lyon (69288 Cedex 2) 04 72 32 67 38, Toulouse (31068 Cedex 7) 05 62 26 96 71
Pr reconnu www.esqese.fr
• Animateur, qualité, sécurité, santé au travail et environnement. Post-bac en 3 ans.
• Master manager qualité-sécurité-environnement. Post-bac + 3 en 2 ans. **A**.

■ Groupe FIM
Granville (50401 Cedex) 02 33 91 21 30
Consulaire www.fim.fr
• Responsable en production et maîtrise énergétique des installations industrielles. Post-bac + 2 en 1 an.

■ IEQT
Institut européen de la qualité totale, Lunéville (54300) 03 83 77 59 37, Ploufragan (22440) 02 96 94 57 14, Rochefort (17306) 05 49 37 44 50, Rodez (12033 Cedex 9) 05 65 75 56 82, Vichy (03205) 04 70 30 41 46
Consulaire www.ieqt.org
• Animateur, qualité, sécurité, environnement. Post-bac + 2 **A**.
• Responsable qualité, sécurité, environnement. Post-bac + 2 en 2 ans ou bac + 3 en 1 an. **A**.

■ INP Toulouse
- Ensat Castanet Tolosan (31326 Cedex) 05 34 32 39 63 **Public** www.ensat.fr
- Enseeiht Toulouse (31071 Cedex 7) 05 34 32 20 21 www.enseeiht.fr
- Ensiacet Toulouse (31030 Cedex 4) 05 34 32 33 41 www.ensiacet.fr
• Diplôme des hautes études technologiques (DHET) biosciences de l'environnement ; hydraulique ; nouvelles technologies de l'énergie ; gestion globale des risques technologiques et environnementaux ; qualité-sécurité-environnement. Post-bac + 4 en 1 an.

■ Insa Toulouse
Institut national des sciences appliquées de Toulouse (31400) 05 61 55 95 13
Public www.insa-toulouse.fr
• diplôme de formation scientifique et technique (DFST) ingénierie de la dépollution. Post-bac + 4 en 1 an.

■ INSTN
Institut national des sciences et techniques nucléaires, Cherbourg-Octeville (50130) 02 33 01 89 89, Saint-Paul-lez-Durance 04 42 25 79 35
Public www-instn.cea.fr
• Technicien en radioprotection. Post-bac en 1 an **A**.

■ INTERFOR
Amiens (80017 cedex1) 03 22 82 00 00
Consulaire www.interfor-formations.fr
• Responsable qualité, sécurité, environnement. Post-bac + 2 en 2 ans. **A**.

■ ISE
Institut supérieur de l'environnement, Trappes (78196 Cedex) 01 30 68 09 10
Pr Hc www.institut-superieur-environnement.com
• Bachelor maîtrise des risques professionnels et environnementaux. Post-bac en 3 ans.
• Diplôme d'école d'ingénieur juriste en environnement. Post-bac en 5 ans.

■ IUT d'Allier Montlucon
(03100 Cedex) - IEQT Vichy
04 70 30 43 91
Public www.univ-bpclermont.fr
• Diplôme d'université (DU) management de l'environnement, du risque industriel et de la sécurité. Post-bac + 3.

■ LA de la Raque
École supérieure d'agriculture La Raque Lasbordes (11400) 04 68 94 90 28
Pr Sc www.laraque.com
• Diplôme européen d'études supérieures techniques de l'environnement. Post-bac + 2 en 1 an.

■ LaSalle Beauvais Institut Polytechnique,
Beauvais (60000) 03 44 06 76 02
Pr Sc www.lasalle-beauvais.fr
• Diplôme de technicien supérieur professionnel spécialité géologie et environnement. Post-bac en 3 ans.

■ Lycée F. Ozanam
Lycée privé Frédéric Ozanam Lille (59800) 03 20 21 96 50
Pr Sc groupe-oec.fr
• Responsable de service hygiène propreté. Post-bac + 2 en 1 an **A**.

■ Sup environnement Groupe Établières,
Pissotte et Pouzauges (85), 09 70 80 82 21
Pr Hc www.etablieres.fr
• Bachelor responsable de systèmes de management qualité-hygiène-sécurité-environnement. Post-bac + 2 en 1 an.
• Bachelor management de l'environnement - gestion de projets territoriaux. Post-bac + 2 en 1 an.
• Bachelor géomatique. Post bac + 2 en 1 an.

CFA : centre de formation d'apprentis
Pr Hc : privé hors contrat
Pr Sc : privé sous contrat
A : statut de l'élève apprenti

SITES UTILES

Pour compléter votre information sur les activités de l'environnement, les métiers, les recrutements...

EMPLOI, FORMATION

www.afigeo.asso.fr
Association française pour l'information géographique.

agriculture.gouv.fr/enseignementagricole
Sur l'enseignement agricole.

www.apecita.com
Emploi dans l'agriculture, l'agro-alimentaire et l'environnement.

www.emploi-environnement.com
Offres d'emploi, dictionnaire des métiers, annuaires de formations.

www.magazine-durabilis.com
Rubriques métiers des géo-sciences et de l'écologie.

www.planetemploi.net
Offres d'emploi et de stage.

www.reseau-tee.net
Réseaux Territoires, emplois, environnement (TEE) : fiches métiers et offres d'emploi.

www.toutsurlenvironnement.fr
Portail d'information sur l'environnement, rubrique métiers et formations.

www.universites-marines.fr
15 universités proposant des masters environnement marin.

www.elles-en-sciences.net
www.femmes-ingénieurs.com
Deux sites pour les femmes scientifiques.

SECTEUR PUBLIC, RECHERCHE

www.ahsp.fr
Site des hydrogéologues des services publics.

www.brgm.fr
Bureau de recherches géologiques et minières, rubrique emploi.

www.cnfpt.fr
Centre national de la fonction publique territoriale. Infos sur les concours et l'emploi.

www.developpement-durable.gouv.fr
Ministère de l'Écologie, du Développement durable et de l'Énergie : infos et vidéos sur les métiers, les formations, les concours et les emplois aidés.

www.entreprises.gouv.fr/la-dge
Infos sur les concours d'ingénieur et de technicien de l'industrie et des mines (installations classées).

www.ifremer.fr
Institut français de recherche pour l'exploitation de la mer : infos sur l'environnement marin et les métiers.

www.irstea.fr
Institut national de recherche en sciences et technologies pour l'environnement et l'agriculture : offres de stage, d'emploi et de thèse.

www.oncfs.gouv.fr
Office national de la chasse et de la faune sauvage : métiers et concours.

www.onf.fr
Office national des forêts : métiers et concours.

www.parcsnationaux.fr
Présentation des 10 parcs nationaux de France, recrutement.

www.parcs-naturels-regionaux.tm.fr
Rubrique métiers et offres d'emploi.

PROTECTION DE L'ENVIRONNEMENT-RISQUES

www.ademe.fr
Agence de l'environnement et de la maîtrise de l'énergie.

www.cler.fr
Réseau pour la transition énergétique, emploi, formation.

metiers-biodiversite.fr
Site dédié aux métiers de la biodiversité.

www.enm.meteo.fr
École nationale de la météorologie, rubrique métiers et formation.

www.espaces-naturels.fr
Portail nature et biodiversité, offres d'emploi et de stage.

www.geosoc.fr
Société géologique de France : info métiers, offres d'emploi.

www.irsn.fr
Institut de radioprotection et de sûreté nucléaire : infos métiers, offres d'emploi.

reseauecoleetnature.org
Réseau national de l'éducation à l'environnement : infos métiers, offres d'emploi.

www.reserves-naturelles.org
Réserves naturelles de France : offres d'emploi et de stage.

TRAITEMENT DES POLLUTIONS

www.andra.fr
Agence nationale pour la gestion des déchets radioactifs : infos métiers et offres d'emploi.

www.developpement-durable.gouv.fr/-sites-et-sols-pollues.html
Portail national dédié aux sites et aux sols pollués : métiers, formation, offres d'emploi et de stage.

www.lerecyclageaimelesjeunes.fr
Les métiers du recyclage, emplois et stages.

RESSOURCES ONISEP

Les pistes à explorer, proposées par l'Onisep, pour compléter votre information autour des métiers et des formations de l'environnement.

DES PUBLICATIONS

- → *Les métiers de l'énergie, 2013.*
- → *Les métiers de l'architecture, de l'urbanisme et du paysage, 2013.*
- → *Les métiers de l'agriculture et de la forêt, 2013.*
- → *Les métiers de la chimie, 2012*
- → *Les métiers de la biologie et des biotechnologies, 2012.*

Cinq publications dans la collection « Parcours » pour en savoir plus sur des secteurs étroitement liés à l'environnement.

- → *Les classes prépa, 2015.*
- → *Les écoles d'ingénieurs, 2015*
- → *L'université, 2015.*

Trois publications dans la collection « Dossiers » pour approfondir son information sur les modalités d'accès aux écoles d'ingénieurs, et pour creuser l'offre de ces écoles.

À consulter au CDI des collèges et des lycées ou au CIO (centre d'information et d'orientation). Également en vente sur **onisep.fr/lalibrairie**.

UN SITE

onisep.fr

www.onisep.fr pour aller plus loin sur les filières de formation évoquées dans cette publication, pour découvrir d'autres métiers et pour compléter votre carnet d'adresses des formations.

DES VIDÉOS

onisep tv

16 vidéos métiers et 5 vidéos formations autour des métiers de l'environnement sur **oniseptv.onisep.fr**

UN SERVICE

onisep mon orientation en ligne.fr

Vous avez encore des interrogations après la lecture de cet ouvrage ? L'Onisep répond personnellement à vos questions. Trois moyens pour nous contacter : par courrier électronique **monorientationenligne.fr** ; par tchat ; par téléphone au 01 77 77 12 25 (appel non surtaxé) ; du lundi au vendredi, de 10 h à 20 h en métropole.

RENCONTRER UN CONSEILLER AU CIO

Pour réfléchir à votre orientation et recevoir une information personnalisée, n'hésitez pas à prendre rendez-vous avec un conseiller d'orientation-psychologue dans le cadre de la permanence assurée dans les lycées publics ou auprès d'un centre d'information et d'orientation (CIO). Liste des 535 CIO sur **www.onisep.fr**.

LEXIQUE

Au fil de votre lecture, vous avez peut-être rencontré des termes que vous ne connaissez pas. Voici quelques définitions.

Admissions parallèles : proposées à différents niveaux (principalement à bac + 2), elles permettent d'entrer en école d'ingénieurs (sur concours) sans passer par une classe prépa.

Agenda 21 : plan de développement durable pour le XXIe siècle, du ressort des collectivités territoriales.

Bachelor : titre correspondant à 3 ans d'études après le bac.

Bassin versant : territoire où les eaux convergent vers un cours d'eau, un lac ou la mer.

Biodiversité : diversité biologique des êtres vivants (faune, flore, gènes, bactéries) et interactions entre ces organismes et leur milieu.

Bureau d'études : cabinet indépendant ou service d'une entreprise assurant la conception de produits ou de systèmes.

Cahier des charges : document décrivant les caractéristiques et les fonctions auxquelles un produit en cours de conception doit répondre.

Cartographie : réalisation et étude de cartes géographiques et géologiques. On peut ainsi cartographier la nature des sols, la distribution des espèces (faune et flore) présentes, etc.

CPIE : centre permanent d'initiatives pour l'environnement. Associations agréées (80 en France comptant 900 salariés) qui réalisent des actions d'éducation à l'environnement et accompagnent des projets.

Crédits ECTS : crédits européens (ECTS) capitalisables et transférables d'une université à l'autre dans tout l'Espace européen, qui valident les unités d'enseignement (UE) qui composent notamment les BTS, les DUT, les licences et les masters.

Développement durable : développement économique qui répond aux besoins actuels sans compromettre la possibilité pour les générations futures de satisfaire leurs propres besoins.

Doctorat : diplôme (bac + 8) délivré après soutenance d'une thèse devant un jury. Ce travail de recherche contribue à l'avancement des connaissances sur un sujet. Lorsqu'il est réalisé en entreprise, on parle de thèse Cifre (convention industrielle de formation par la recherche).

Éco-industries : entreprises produisant des biens et des services destinés à prévenir, mesurer, réduire ou traiter les dommages environnementaux.

Écosystème : relation entre une communauté d'espèces (faune, flore) et son milieu naturel (forêt, champ). Une perturbation de l'écosystème peut entraîner une rupture dans l'équilibre écologique.

Écotoxicologie : étude des conséquences de la pollution par des substances toxiques pour l'environnement.

Entomologiste : spécialiste de l'étude des insectes.

Étude d'impact : étude évaluant l'impact sur la santé humaine, la faune, la flore, les habitats naturels, les paysages, le sol, l'eau, l'air, le bruit, les espaces naturels, agricoles ou maritimes de tout projet d'aménagement (création de route, de barrage, de centre commercial, etc.).

Géochimie : étude de la répartition des éléments chimiques dans les roches, les minéraux, les eaux et les gaz terrestres.

Géomatique : traitement de l'information géographique à l'aide de logiciels.

Géophysique : étude des caractéristiques physiques de la Terre. La géodynamique s'intéresse notamment aux phénomènes d'érosion et de sédimentation, la sismologie aux séismes.

Géosciences : sciences qui s'intéressent à la Terre (géochimie, géodésie, géologie, géophysique, météorologie, océanographie).

Géotechnique : études géologiques et géomécaniques (mécanique des sols et des roches) précédant des opérations d'aménagement ou de forage ou en vue de prévenir des risques naturels.

Gloméris : de la famille des mille-pattes, alors que le cloporte est rattaché aux crustacés.

Halieutique : science de l'exploitation des ressources vivantes aquatiques (poissons, algues...).

Hydraulique : conception des réseaux de distribution d'eau potable et d'évacuation des eaux usées et pluviales.

Hydrobiologie : étude de la

faune qui peuple les cours d'eau.

Hydrogéochimie: étude des caractéristiques chimiques ou physico-chimiques des eaux souterraines et des échanges entre l'eau, le sol et le sous-sol.

Hydrogéologie: études des eaux souterraines (gestion des ressources, captages, protection contre les pollutions).

Hydrologie: étude du cycle de l'eau (précipitations, hydraulique fluviale, risques d'inondation, qualité de l'eau).

Master ingénierie: un cursus master ingénierie (CMI) offre un programme de formation renforcé, de la L1 (accès sélectif) au master. La gestion de projet, les stages, l'étude des langues y occupent une place importante.

Méthanisation: production d'un biogaz (composé principalement de méthane) par un processus naturel de dégradation de déchets organiques.

Métier verdissant: métier qui prend en compte la dimension environnementale en l'intégrant dans sa compétence principale.

Métier vert: métier dont les missions contribuent à prévenir, mesurer, maîtriser et corriger les dommages éventuels sur l'environnement.

Modélisation: représentation mathématique d'un problème pour le simuler sur ordinateur. On peut ainsi étudier des phénomènes naturels comme le climat ou les mouvements de terrain.

Natura 2000: réseau de sites naturels européens identifiés pour la fragilité de leur diversité écologique.

PME: les petites et moyennes entreprises emploient de 20 à 249 salariés, et réalisent un chiffre d'affaires annuel ne dépassant pas 50 millions d'euros.

QSE: la démarche qualité-sécurité-environnement s'inscrit dans une volonté de développement durable en recherchant la qualité des produits et des services, la sécurité et la santé au travail (risques physiques, biologiques), la protection de l'environnement (prévention des risques industriels, maîtrise des impacts, gestion de l'énergie et de l'eau).

Radio-écologie: évaluation de l'impact de la radioactivité naturelle et artificielle sur l'environnement et sur la population.

Radioprotection: mesures visant à empêcher ou à réduire les risques liés aux rayonnements ionisants d'origine nucléaire ou radiologique.

Recyclage: traitement d'une matière issue de déchets afin de la réutiliser dans la fabrication de nouveaux produits.

RNCP: Répertoire national des certifications professionnelles. Recense les diplômes, titres et certificats de qualification à finalité professionnelle, qui sont délivrés par l'État ou par des organismes (sur avis d'une commission nationale). Il indique le niveau de la formation.

Sciences de la Terre: étude de la Terre et de son environnement spatial (terre solide, océans, atmosphère, climat).

Système d'information géographique (SIG): outils numériques de stockage, d'analyse et d'affichage de données spatiales.

Système de management environnemental: procédures mises en place dans une entreprise en vue de maîtriser ses impacts environnementaux et ses risques.

Technicien cynégétique: spécialiste de la gestion des populations de gibiers en vue du développement durable de la chasse.

Trame verte et bleue: démarche visant à protéger les zones les plus riches en biodiversité et à les relier par des corridors écologiques.

Lexique des formations

ATS: adaptation technicien supérieur

Bac STAV: bac technologique sciences et technologies de l'agronomie et du vivant

Bac STI2D: bac technologique sciences et technologies de l'industrie et du développement durable

Bac STL: bac technologique sciences et technologies de laboratoire

BAFA: brevet d'aptitude aux fonctions d'animateur

BPJEPS: brevet professionnel de la jeunesse, de l'éducation populaire et du sport

BTS: brevet de technicien supérieur

BTSA: brevet de technicien supérieur agricole

CAP: certificat d'aptitude professionnelle

CFA: centre de formation d'apprentis

CPGE: classes préparatoires aux grandes écoles

DEUST: diplôme d'études universitaires scientifiques et techniques

DUETI: diplôme universitaire d'études technologiques internationales

DUT: diplôme universitaire de technologie

IUT: institut universitaire de technologie

TD: travaux dirigés

TP: travaux pratiques

INDEX

A

B

C

D

E

G

H

I

J

L

M

O

P

R

S

T

U

V

onisep • **Office national d'information sur les enseignements et les professions • Ministère de l'Éducation nationale, de l'Enseignement supérieur et de la Recherche** • Publication de l'Onisep : © Onisep septembre 2015 • **Directeur de la publication :** George Asseraf • **Directrice adjointe de la publication :** Marie-Claude Gusto • **ÉDITIONS Cross-Média > Chef de département :** Élisabeth Gros • Adjointe print/numérique : Stéphanie Desmond-Simon • Rédaction en chef : Nicole Mamigonian • Rédaction : Sabine Hemery, Nicole Mamigonian, Sylvie Pelletreau, Sylvie Plumet, Lucie Simonel • Administration éditoriale : Christine Courtois • Secrétariat de rédaction : Clémence Niérat • Correction : Valérie Doineau • **RESSOURCES DOCUMENTAIRES > Chef de département :** Gilles Foubert • Documentation : Émilie Roger • Ingénierie documentaire : Françoise Brouxel • **FABRICATION > Chef de service :** Marie-Christine Jugeau • Photogravure : Key Graphic (Paris) • Imprimeur : Imprimerie de Champagne (52 Langres, France) • **STUDIO > Chef de service et direction artistique :** Bruno Delobelle • Maquette et mise en pages : Isabelle Sénéchal • Iconographie : Brigitte Gilles de la Londe • Reportage photo : Grégoire Maisonneuve • Couverture : Cyril Lauret • **DIFFUSION ET COMMERCIALISATION >** Onisep VPC - 12, mail Barthélemy-Thimonnier, CS 10450 Lognes, 77437 Marne-la-Vallée Cedex 2 • Internet : onisep.fr/lalibrairie • Relations clients : service_clients@onisep.fr • Diffusion-distribution Belin : 27301233 • Code de diffusion Onisep : 901233 • ISSN : code collection 1765-9329 • ISBN papier : 978-2-273-01233-1 • ISBN numérique : 978-2-273-01243-0 • **PUBLICITÉ >** Mistral Média - 365, rue de Vaugirard - 75015 Paris • Tél. : 01 40 02 99 00 • Contacts : Directeur général : Luc Lehéricy (luc.lehericy@mistralmedia.fr) • Directeur commercial : Vivian Favro (vivian.favro@mistralmedia.fr) • Plan de classement Onisep : ENV 00 0000 • Le kiosque : Environnement • Dépôt légal : septembre 2015 • Reproduction, même partielle, interdite sans accord préalable de l'Onisep.

PEFC 10-31-2009